U0509368

跨国企业长寿密码

宝洁公司 *P&G* 基业长青的逻辑

彭庆纲　林美俐　著

上海远东出版社

图书在版编目(CIP)数据

跨国企业长寿密码：宝洁公司(P&G)基业长青的逻辑/彭庆纲，林美俐著. —上海：上海远东出版社，2019
ISBN 978-7-5476-0944-6

Ⅰ.①跨… Ⅱ.①彭…②林… Ⅲ.①日用化学品—化学工业—工业企业管理—经验—美国 Ⅳ.①F471.267

中国版本图书馆 CIP 数据核字(2019)第 247736 号

责任编辑 程云琦
封面设计 李 廉

跨国企业长寿密码
——宝洁公司(P&G)基业长青的逻辑

彭庆纲 林美俐 著

出 版 上海遠東出版社
(200235 中国上海市钦州南路 81 号)
发 行 上海人民出版社发行中心
印 刷 上海信老印刷厂
开 本 890×1240 1/32
印 张 5.375
字 数 130,000
版 次 2020 年 1 月第 1 版
印 次 2020 年 10 月第 2 次印刷
ISBN 978-7-5476-0944-6/F·648
定 价 48.00 元

推荐序一

庆纲兄和我认识 30 多年，我和他的交谊始于 1984 年服兵役时的偶遇——当时我们分配到同一个部门，中间约有 20 年不曾联系，直到我俩各在职场驰骋临将退休之际，命运之神又让我们重逢。他是我人生中极少数属于萍水相逢而又常念在心的知己。

庆纲是理工背景，我则是新闻专业。一般来说学习理工的人对人文、历史往往比较疏远，庆纲兄却是个特例，他不但熟读文史哲，更敏于思辩，对国家、世局都有自己一套看法，因此学门不同完全不影响我们的交流。当时台湾经济已经起飞，政治反对运动酝势待发，民主转型的阵痛开始发轫。我和庆纲出身不同家庭背景，他是所谓的外省第二代，父母于 1949 年从大陆来到台湾，我则出生在南部的本省家庭。然而作为同世代的台湾年轻人，我们之间没有隔阂，纵然偶有意见分歧，总能尽付笑谈中。我尤其欣赏他方正内刚而又圆融外柔的个性，在服兵役时他是长官眼中负责尽职的优秀干部，而在私底下他则是风趣幽默又直谅多闻的好伙伴。

退伍前夕，庆纲提到他想放弃台大硕士班学程，直接赴美深造，我则已打定主意往新闻实务界发展，并没有和他走同样的路，但仍给予他深深的祝福。时间一晃 20 多年过去了，我在台湾新闻界转战数个媒体，经历报禁开放后的大时代，从一个初出茅庐的小记者当到中国时报的总编辑。在繁忙的新闻工作中，偶尔夜深人静时，我不免想起这位服役时的好兄弟，不知他人在何处，是否一切都好。

有一天，报社同事捎来讯息，说有位彭先生找我，我直觉可能就是失散多年的庆纲兄。就这样我们再度重逢了。岁月不饶人，我已鬓发添白，他则额头微秃，两人见了面还是有说不完的话，彷佛回到年轻时光。这才知道他赴美取得博士学位后，很快进入宝洁(P&G)集团工作，由于表现优异，后来又负责亚洲产品法规安全业务，包括东北亚、东南亚和大中华地区都是他的管辖范围。2009年我奉命筹办《旺报》，由于这是台湾第一份专门报道中国大陆及海峡两岸的媒体，而当时我对大陆的了解仍十分有限，庆纲兄此前大陆市场的经验给了我许多宝贵意见，阔别多年他再度扮演直谅多闻的角色。

当然，我们谈得最多的还是宝洁这家公司，几乎每次见面他都会宝洁长、宝洁短的。这也难怪，毕竟宝洁是他奉献青春岁月的地方，于他有着深刻的人生轨迹存在。

从他的谈话中，我了解到宝洁是全世界最大的家庭及个人护理产品企业集团，成立至今已有180多年历史。一家公司从创始到成为跨国企业或许在所多有，但要成为长寿永续的企业则是难上加难。尤其过去半个世纪人类生活科技有着惊人进步，对老牌公司的存续构成严格挑战。根据统计，美国S&P500指数中的500家大型上市公司中，50年前的平均寿命是60年，如今只剩18年；

50 年间，企业寿命急速缩短了 70%。显然，科技进步虽然是让人类平均寿命逐年增加的幕后功臣，却是企业寿命的隐形杀手。

宝洁公司能够历经百余年的全球市场考验仍屹立不摇，自然有它“延年益寿”的秘诀。这就是庆纲兄在本书中提到的宝洁特殊性的“宗旨、价值观及原则(Purpose, Values and Principles, PVP)”的企业文化，及普遍性的美商企业文化。平实不浮夸、四平八稳，且有特色的圆融 PVP 文化，搭配美商企业有原则、有制度、充满求胜上进心的方正普遍性文化，两者相辅相成，就像外圆内方的中国古钱币“孔方兄”，外柔内刚；如此代代相传，带领着宝洁公司走在康庄大道之上。

庆纲兄以一个在台湾生长的中国人，因缘际会到美国深造，又在日本深耕，长达数十年投身宝洁集团，近距离观察这家美商公司的运作。退休后他写成的这本书，既是在书写他的人生篇章，更是为跨文化体验与全球化视野做了最好批注，相信可以为海峡两岸企业提供宝贵借鉴。特别是中国改革开放 40 年后，民营企业勃兴但也面临如何接班与永续经营的挑战。所谓他山之石可以攻玉，本书的诞生正其时矣。

我对企业管理纯粹是外行，也不拟重复叙述本书中描述的宝洁种种文化精髓，读者尽可自己翻阅咀嚼。倒是书中提到宝洁特殊性的 PVP 文化是“圆融外柔”，而宝洁普遍性的美商文化则是“方正内刚”，“圆融外柔”“方正内刚”这八个字也正是我所认识的庆纲兄本人的特质，从而这本书也就有著书如其人的奇妙结合，它将宝洁公司与庆纲兄的特质融合一体，这是庆纲兄职场生涯的幸运,也是读者的福气。至于全书章节清晰、结构严谨、文字流畅,举例可读、数字易懂,这些就不用我多说了。

黄清龙

台湾资深媒体人,曾任旺报社长、

中国时报发行人,现任信民两岸研究协会理事长

兼旺旺中时媒体集团顾问

2019 年 12 月

推荐序二

我与彭庆纲博士相识甚久，开心地看到他在服务宝洁20年之后写下的这本书，以一位跨国公司领导者的角色写出他眼中的极品企业。这位印象当中“有情怀的理工男”可以用管理专家的视角看企业，也证明了宝洁文化如何深刻地影响着员工的思维。

这几年拜数字科技所赐，全球企业发生了翻天覆地的改变，也引起无数从业人士内心的浮动，对不明确的未来充满了疑惑。这本书却写出了不断变化的年代里依然会有不变的事务，坚定对人与文化的尊重。这样美好的思维与做法，是企业基业长青的不变真理！

推荐这本书给对未来充满憧憬的学子，或是在职场中对自己有所期待的工作伙伴。不管你是领导者还是个人贡献者，你都能通过这本书相信“因为相信，所以看见”。美好的思维与企业文化，你可以追求，你可以创造，你也可以传承，而它是真实存在的！

姚德瑜

DDI大中华华南区董事总经理

2019年12月

前言

从宝洁公司解析跨国企业长寿密码

世界上的公司无数，但像宝洁公司这样“大富久”的重量级企业绝对是凤毛麟角。宝洁——全球的“快消之王”——市值几乎等同于台积电、鸿海加台塑化三家中国台湾最大上市企业的市值总和，年营收约等同中南美的巴拿马，或东欧保加利亚的国内生产总值。它是如何在创立 180 多年后，仍能在跨国企业“长寿俱乐部”中屹立不倒，又是如何于风起云涌、诡谲多变的国际环境中，仍能生气蓬勃、引领风潮，产品霸气营销全球？

尤其前几年，由于美元持续强势，原材料价格上涨，运输及营销成本提高，竞争对手表现抢眼等因素，宝洁公司营运不佳、表现逊色，许多人认为宝洁已经过气、没落、走下坡，即将分裂成数个小公司，这样的揣测甚嚣尘上。但最近一年多来，宝洁在逆境里愈挫愈勇，在低迷中不屈不挠，充满活力，走出阴霾；在一波波中美贸易争端风暴里，股价更是屡创新高，成为股市抗跌的中流砥柱。其中必有缘故，必有令人惊艳，值得学习的深学问！

我于 20 多年前加入宝洁公司，在日日熏陶、耳濡目染之下，虽渐窥庙堂之美，但总是见树不见林。2018 年退休后，我便潜心研究宝洁的发展史，顿觉豁然开朗、茅塞顿开，原来宝洁一路走来，历经近两百年的大浪淘沙，一回又一回的洗礼，一次又一次的磨炼，这些所谓成就今日的功臣元勋已随着时光洪流，在潜移默化中向下扎根，成为企业长寿可持续的密码、代代相传的神器。我根据宝洁的历史结合个人长期观察、多次企业内访谈，以及诸多相关参考资料，将其综合归纳成六个方面：(1)传承企业文化；(2)积极培育人才；(3)精实研发创新；(4)完善危机管理；(5)力行可持续发展；(6)顺应时代趋势。

在本书的绪论中，首先梳理宝洁公司过去 180 多年的发展史，让读者由历史中认识到宝洁在拥有核心价值的同时，睿智地“转大人”，以自信、成熟、稳健的步伐走在时代尖端，淬炼成当今世界上最大的家庭及个人护理产品跨国企业。然后，再逐章细致分析探讨每一个密码的形成与意义，用实例、数据分析对比的方式，让读者时而如临现场，近距离鲜活地亲历学习，时而站在高点，以战略的眼光鸟瞰全局。

第一章“传承企业文化”，先逐步引导读者深入了解宝洁特有的“宗旨、价值观及原则(Purpose, Values and Principles, PVP)”企业文化，及共通性的美商企业文化。平实不浮夸、四平八稳，且有特色的圆融 PVP 文化，搭配美商企业有原则、有制度、充满求胜上进心的方正共通性文化，两者相辅相成，带领宝洁无惧地前行。第二章“积极培育人才”，从人才招聘、培养、晋升、换岗、留才等方面，分别细说宝洁是如何积极下功夫树人。因为宝洁很清楚，企业的崩塌与没有人才息息相关，人才的短缺、断层，常常就是企业短命的前兆。第三章“精实研发创新”，我从介绍宝洁研发团队的组织分工、职场生涯设计出发，详述研发创新的核心在于无缝接轨消费者导向，并遵循配套、全盘的前瞻计划弹性运作。深入了解了宝洁研发创新的精锐实力，就不难理解为何宝洁能长年走在业界尖端，能成为创新产品排行榜上的常胜将军。第四章“完善危机管理”，将引领读者深入了解宝洁如何从组织、心理及行动上做好危机前的防范准备。然后，我以多年来危机处理的经验，分享实战心得。危机无法避免，危机的管理与处理是企业免于危机灭顶的必修课。第五章“力行可持续发展”，从我在宝洁的第一个环境研究计划说起，再以全球可持续发展为背景，逐步引领读者全面了解宝洁在可持续发展上的实际行动、成果与未来展望。第六章“顺应时代趋势”，经过且通过无数时代考验的宝洁，在当今 21 世纪的时代新趋势（数字化、智能化、创新加速、绿色消费、人口老化）下，如何顺应布局、抢站有利位置？我将依观察所见，细细分析道来。

2019 年 5 月福布斯全球 2 000 强（Forbes Global 2 000）发布，有 309 家华人企业风光挤进全球 2 000 强企业的窄门，仅次于鳌头美国企业的 575 家。但是二三十年后，这些大多年轻气盛的华人企业仍能安然存在吗？会不会昙花一现？这真的很难说，谁也不能保证。从全球大企业的兴衰史来看，风骚数年后崩塌、被合并、被收购的例子屡见不鲜，其中日本大企业多年前泡沫化破裂就是前车之鉴。

尤其在这 e 时代，科技一日千里，革新速度之快前所未有，人工智能与自动化技术的日新月异，为企业尤其跨国企业同时带来严峻的考验与无限的契机，任何企业包括宝洁公司在内，要想不早早寿终正寝，都要高调地反复思索“要么自我淘汰，要么被淘汰”的硬道理。我以宝洁公司为例证，用华人的眼光、从亚洲人的角度切入，探索国际企业长寿的法宝。

近年来，有许多讨论基业长青、百年企业的报道与文章，不是概括性地、非常简单地总结企业长寿的原因，就是由商业模式、营运策略出发，从战术的角度，尝试综合归纳某个企业近年成功的结果。有别于此，本书以跨国企业宝洁为单一个案，以实例说明、亲身经历的方式，深入浅出、平实探究宝洁三甲子以来六大长寿密码，虽然难免有以一概全之嫌，然而这些密码有其一贯性与时代性，都是让宝洁立足寰宇、突破传统、可持续经营的好宝贝，正可作为心有鸿鹄之志的华人企业借鉴学习、革新自己，成为“迈大步、走大路”的最佳典范。

本书无意为宝洁公司歌功颂德，或鼓吹投资者购买宝洁公司的股票，而是衷心希望借由拙作的解析，让读者深入了解宝洁长寿之密码。在十年或百年后，经过时代的洗礼与考验，能启发出至少一两家由华人创立的长寿跨国企业，此乃我写作本书的最大心愿与目的。

本书还融入了我常年旅居美国、日本的当地文化观点，及多年来在宝洁公司亚洲业务管理的实战经验。如果你是学术界研究跨国企业的学者，或是商学院的学生，想要更深入地了解跨国企业的文化与思维及其长寿的秘诀，本书将提供你一个有效切入的绝佳平台。如果你是即将踏入职场的新人，或是想转换跑道进入跨国企业，做一个勇于挑战自己的有心人，那么本书无疑是你跨出这一步之前，值得认真研读的参考指南。

目录

绪论

认识长寿的跨国企业
——宝洁公司

纵观全球企业史可以发现，一家长寿、可持续发展的跨国企业是多么的难能可贵，而宝洁公司正是这可贵中的经典传奇。从1837年草创至今，宝洁已有180多年历史，这一路走来，宝洁是如何打造成当今全世界最大的家庭及个人护理产品企业王国的？又是如何在日本、中国大陆和中国台湾等市场上打响名号，建立“快消之王”这块金字招牌的？通过数据对比，我们来呈现宝洁公司今日的风貌与规模；随着历史回顾及亲身感受，我们归纳其六大长寿密码。

长寿的跨国企业是“人间极品”

本书中所提的跨国企业（Multinational Enterprise，MNE）或称为跨国公司（Multinational Corporation，MNC），指的是一些财力雄厚，列名于《福布斯》全球2 000强的国际上市大企业，它们在不同的国家或地区设有分公司、工厂、物流中心或办事处，有完整的决策系统，制定全球经营战略及布局，并协调管控全球的营运。

这些跨国企业资源充沛，在国际上竞争力强，对当地政府、周边区域甚至全球具有不可忽视的政治经济影响力。能成为跨国企业,代表着这家公司在经营管理上已出类拔萃。最近十几年陆续有些华人企业也开始崭露头角,不让欧美日等大公司专美于前,逐渐跻身跨国企业的队伍。

俗话说"万事开头难",一家公司从创业到成为跨国企业,如登蜀道一样非常艰难,而能跨国经营,且又长寿可持续的企业就更是难上加难。2018 年东京商工发表了一份《全国老铺企业调查》研究报告,指出全日本超过 150 年历史的公司竟有 21 666 家之多,一年后又将有 4 850 家企业加入这个行列①,日本长寿公司的数量堪称世界之最。这份报告总结,公司长寿的秘诀就是"诚信"和"不上市"。诚信乃各地皆推崇的价值观,成为公司长寿的秘诀之一完全不意外,这是可以理解的。但公司不上市也是长寿的秘诀,这一点确实有些令人震撼,该报告指出因为公司不上市就不必专以营利为目的,相对容易信守初衷,保持原汁原味,维持良好信誉而能持久经营。

根据 2018 年 9 月发表在《哈佛商业评论》上的一篇文章,美国标准普尔 500(Standard & Poor's 500,S & P 500)大企业的平均寿命已经从 80 年前的 67 岁,锐减至目前约 15 岁;30 年前英国伦敦金融时报 100(Financial Times Stock Exchange 100,FTSE100)大企业,如今 76%已从名单上消失②。此外,30 年前日本经济很红火,1989 年世界前 50 大企业中就有 32 家是日本企业,然而 30 年

① 吴健宏:《百年企业的长存之道》,创新智库暨企业大学基金会,2018 年 3 月 16 日.

② Hill,Alex,Mellon,Liz and Goddard,Jules:"How Winning Organizations Last 100 Years",Harvard Business Review, September 27, 2018.

过去，这些企业合并的合并、衰退的衰退、倒闭的倒闭，2018 年世界前 50 大企业中，日本企业仅剩下排名第 35 位的丰田汽车[①]。台湾地区唯一上市的百年民营企业大同公司，近年来遭遇一连串暴风雨，比如获利剧跌、裁员、卖地、跳票，正走向崩溃。这些事实也间接证明了日本东京商工的那份调查报告——上市公司要能营运百年以上的确不容易，更遑论超过 150 年的跨国企业，这只能用凤毛麟角来形容。

有趣的是，中国虽然历史悠久，但由于战争动乱、社会制度等种种因素，超过 150 年的老字号数量却远逊于日本，总共只有“六必居、张小泉、陈李济、同仁堂、王老吉”五家[②]，而这些老铺也都还没有达到跨国企业的层级。当今世界上拥有超过 150 年历史的国际跨国企业可以说是稀有罕见，其中宝洁公司就是经过大浪淘沙，极少数没有夭折的“人间极品”。

知否？这一系列品牌都是自家人

一般人可能对宝洁公司并不熟悉，甚至很陌生，但只要一提到宝洁的产品，例如潘婷(Pantene)、海飞丝(Head & Shoulders)、沙宣(Vidal Sassoon)、飞柔(Pert)、飘柔(Rojoice)、SK－Ⅱ、玉兰油(Olay)、帮宝适(Pampers)、护舒宝(Whisper)、好自在/欧维丝

① “平成元年と平成 30 年の世界时価総额ランキング比较”，newstopics.jp，August 23，2018.

② 《为什么？中国只有 5 家百年企业，日本却有 2 万家》，每日头条，2017 年 9 月 30 日.

(Always)、欧乐-B(Oral-B)、吉列(Gillette)、博朗(Braun)、香必飘(Ambi Pur)、汰渍(Tide)、碧浪(Ariel)、佳洁士(Crest)、舒肤佳(Safeguard)等,却大多耳熟能详,许多人甚至天天在用;只是很多人不知道,这些品牌都是自家兄弟姐妹(图 1)。

图 1　中国宝洁公司旗下产品

资料来源:http://www.pg.com.cn

根据《读者文摘 2018》的报道,在美国各类产品里,最具公信力的 40 个品牌中,宝洁公司就占了 4 个①。凡对产品销售稍有了

① Cahn,Lauren:"The 40 Most Trusted Brands in America",Reader's Digest,May 8,2018.

解的人都知道，一个品牌要想达到10亿美元(约70亿元人民币)的年销售额是一个难跨的高门槛，而宝洁可说是创造世界顶级品牌的佼佼者，旗下年销售额超过10亿美元的品牌就多达22个，这项纪录一直令许多竞争对手望尘莫及，是“既羡慕又忌妒”！

最近《福布斯》杂志联合Just Capital公布了美国“最优秀企业”排行榜①，该榜单以公众对企业在平均薪酬、善待客户、保护客户隐私、生产优质产品、回馈社区、致力于道德和多元化等方面的评价作为评比标准，对上市公司中规模最大的1 000家企业进行严格对比筛选，最终宝洁获得前十强最优秀企业的殊荣。

1837年到今天，宝洁一路走来

本书是以宝洁公司为蓝图主轴，从战略而非战术的角度，深入浅出地探讨跨国企业长寿的密码。有人说历史不应该只是一个华丽的展示，或在课堂上由老师口述的回顾，而应该是“活生生的学习”。以下就让我们首先对宝洁的历史，依年代作深入的解析，由其历经时代的考验与洗礼中，认识宝洁是怎么从一个卖蜡烛与肥皂这样名不见经传的小公司，淬炼成当今全世界最大的家庭及个人护理产品跨国企业的②。

① “P&G Named One of America's Best Corporate Citizens and Best Managed Companies”, Business Wire, December 10, 2018.

② Feldman, Amy: “The World's Largest Household Products And Personal Care Companies”, Forbes, June 6, 2018.

由卖蜡烛和肥皂的小商店起家

在全球跨国企业中,宝洁公司是历史悠久的。1837年4月12日,宝洁由英格兰移民威廉·波克特(William Procter)及爱尔兰移民詹姆斯·甘保(James Gamble)共同创立(图2),两位创始人的夫人是亲姐妹,所以他们除了是合伙人也是连襟,当时公司是在岳父亚历山大·诺里斯(Alexander Norris)的建议下诞生的。同年8月22日,双方各出资3 596.47美元,确立正式合作关系,于10月31日签订合伙契约(图3),并取两位创办人的姓氏Procter & Gamble作为公司的名字,简称为P&G,为当今这个家喻户晓的世界级企业拉开了序幕①。

图2 宝洁公司两位创始人(右:威廉·波克特,左:詹姆斯·甘保)
资料来源:https://us.pg.com/

草创之初的宝洁,只是在美国俄亥俄州辛辛那提贩卖蜡烛及肥皂,因为辛辛那提市是当时肉品加工业的中心,为生产蜡烛及肥皂的宝洁提供了充沛的原料。1838年宝洁公司在辛辛那提当地

① Procter and Gamble:"P&G A Company History 1837-Today",www.us.pg.com.

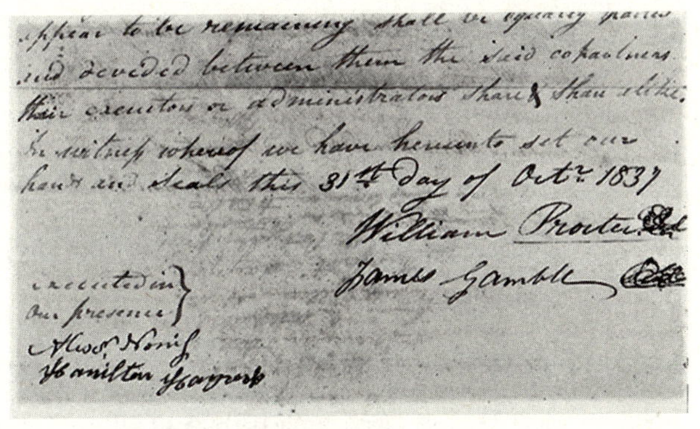
appear to be remaining shall be equally parted
and divided between them the said copartners
their executors or administrators share & share alike.
In witness whereof we have hereunto set our
hands and seals this 31st day of Oct. 1837
William Procter
James Gamble
executed in
our presence

图 3 创办人威廉·波克特和詹姆斯·甘保于 1837 年 10 月 31 日共同签署的合伙契约

资料来源：https：//us.pg.com

报纸做了第一个商业广告，当时谁也不会料到，宝洁公司日后竟会成为全世界最大的广告供货商。1841 年宝洁成功取得做蜡烛模型的第一个专利，这也是日后宝洁对产品研发能全方位不断精进、创新的原点。经过初期的艰辛，宝洁于 1859 年成为年收入百万美元的公司，站稳了创业后的第一步。

1861 年美国南北战争爆发，宝洁成为北军蜡烛及肥皂的重要供货商，军需为宝洁提供了意外成长的契机。1865 年南北战争结束，军人返乡后仍持续爱用宝洁产品①。宝洁公司成立的前三四十年，一直是以蜡烛为主营业务，肥皂在当时只是陪衬的角色。其间创建宝洁的两大家族也似乎各司其职，波克特家族执掌公司经营及销售，甘保家族则致力于产品的研究开发。

---

① Procter and Gamble：“P&G A Company History 1837-Today”，www.us.pg.com.

“品牌”“广告营销”“员工福利”“产品代言”的先驱

1879年,象牙肥皂(Ivory)诞生,冥冥中似乎注定,它将是日后改变宝洁产品生态的推手。象牙肥皂可谓当时最先进的产品,为全美第一块洗衣、洗地、洗碗兼洗澡的多用途肥皂,并号称是“第一块可以浮在水上的肥皂”。物美价廉搭配时髦的包装,成功的广告设计及营销,加上质量保证及专业背书,在140年后的今天看来,象牙肥皂当之无愧是品牌营销概念的开山鼻祖,堪称品牌建立的经典之作。它是宝洁公司史上第一个成功建立的品牌,上市后迅速成为当时最火爆的产品,为宝洁开拓了无限商机①。同时,随着铁路的兴起,四通八达的铁路运输网让宝洁的象牙肥皂打破地域的束缚,在全美市场大卖特卖。

19世纪末宝洁公司的经营渐入佳境,于1885年率先让工厂员工在星期六只工作半天,也就是一周工作5天半,宝洁主动减少工人的冗长工时,这是当年身为蓝领阶级难以想象的“大确幸”(网络用语,指“重大而又确切的幸福”)。1886年宝洁第一座以厂房安全及以提高员工优质工作环境为优先考虑而设计的现代化工厂Ivorydale Factory正式完工启用,为之后130多年间在全球陆续兴建的许许多多宝洁工厂立下了最佳典范。

早在1887年,宝洁公司就开始让员工加入盈利分红,成为美国公司员工分红配息制度的领头羊,当时宝洁公司的座右铭是“一

---

① Dyer, David, Dalzell, Frederick, and Olegario, Rowena:“Raising Tide-Lessons from 165 Years of Brand Building at Procter & Gamble”, Harvard Business School Press, 2003.

流企业,最重诚信(Highest Grade, Honest Weight)”,尊重员工与诚实无欺的企业文化也从此萌芽①。1890 年宝洁更成立了美国当时屈指可数,专为产品研究开发的实验室 ——Ivorydale R&D Lab,以现在的眼光来看,这是很稀松平常的,但在 120 多年前确实是件有创意的事,从此开始了宝洁精实产品研发创新,日后在全球各地建立研创中心的新纪元。1891 年,宝洁公司正式于纽约证券交易所挂牌,成为上市公司,由创始人威廉·波克特的长子威廉·亚历山大·波克特(William Alexander Procter)出任第一任公司总裁②。1894 年,一款治疗咳嗽和鼻塞的成药诞生,这种通过蒸发而自然吸入有效成分的新药,就是今日世界驰名的维克斯伤风膏(Vicks VapoRub),它的问世也可说是宝洁涉足医药界的滥觞。

20 世纪初,象牙肥皂已卖到美国以外的英语系国家,成为宝洁扩展版图、营销全球的起跑点。1901 年,宝洁获得了方便又安全的改良式吉列剃须刀专利,这种双刃可丢弃式剃须刀,成功创造了崭新产品系列,1910 年宝洁吉列双刃剃须刀,开启用棒球明星及教练代言品牌的先河;二战期间吉列剃须刀为军需品,战后士兵带着它返回故乡,从此成为许多男士每天不可或缺的“宝刀”③。

---

① Procter and Gamble:“P&G A Company History 1837-Today”,www.us.pg.com.

② 同①。

③ 《P&G 创新 175 周年》,宝洁香港首页.

研发、转型、育才、危机、传贤、创新是必经之路

1912年凭借先前取得的氢化处理(Hydrogenation Process)专利,宝洁上市了当时第一个完全由植物提炼制造的食用酥油——Crisco,它颠覆了传统食用油食材,为消费者提供了另一种更便宜且健康的料理方式。1915年在加拿大开始生产象牙肥皂及Crisco食用油,这是宝洁首次在美国本土以外建立产品制造工厂,此举亦成为宝洁迈出全球制造生产的第一步。由于电灯的逐渐普及,1920年顺应时代变迁,宝洁不得不面对现实,正式终止了蜡烛的生产制造,转型为以肥皂为主力的公司①。正如所有成功的企业都会经历让其濒临崩溃的危机,在这死去活来的过程中,重要的是能否自我提升突破,正如同达尔文所提出的进化论,若不能超前或跟上时代变革的步伐而转型进化,宝洁公司早就被扫地出门,不会也不可能成为今日的蓝色巨人。

同时为应对市场变化及需要,20世纪30年代左右,宝洁分别成立了销售(Sales)、市场研究(Market Research)、实地研究(Field Research)、品牌管理(Brand Management)等部门,新的部门除了充分提高内部营运管理效率,分析市场动向,还启动致力于以消费者为中心,对其所需、所要及所好做深入且全面的了解。其中值得一提的是,品牌管理部门设立了品牌经理人体制,也就是由品牌经理人统筹掌控,并完全负责品牌经营的成败,这在30年代算是一项创举,也让宝洁公司日后成为培养世界级优秀营

① Procter and Gamble:"P&G A Company History 1837-Today",www.us.pg.com.

销管理人才的摇篮。企业的危机常常是祸起萧墙，尤其是大而僵化的企业，精准的内部组织重整或彻底改变可促进企业的血液循环，进而给企业注入新动能。80 多年前是如此，今天更是如此。

从打破禁忌工厂雇用女性员工，协办当地医院(例如辛辛那提儿童医院)，大力援助非洲裔大学，到长期支持当地及全国(例如联合劝募协会 United Way)公益活动，宝洁上至高层领导，下至一般员工，早在 20 世纪二三十年代，高度的社会责任感就已在公司内部蔚为风尚，一直延伸至今，在世界各地的分公司持续发光发热。宝洁公司因此而建立了更好的声誉，员工也因此得到为社会尽一份心力的满足感。

1930 年可说是宝洁公司历史上非常关键的一年，当时公司总裁威廉·库珀·波克特(William Cooper Procter)，也就是创始人威廉·波克特的孙子，以无比的勇气与智慧，为了公司可持续发展，毅然决然地做出传贤不传子的无私决定，将公司总裁交棒给非家族的专业经理人来管理，且让家族从此淡出公司决策阶层，正式结束了宝洁 90 多年来由家族经营的模式①。即使是在 21 世纪的今天，几乎所有华人的国际大企业仍是“近亲繁殖”、家族接班掌控，这种“家天下”的管理方式，正如同中国历代王朝时时此起彼落，为华人家族企业王国如何可持续经营埋下了巨大的潜在危机，而宝洁于 90 年前做的传贤不传子的决定，或许值得参考借鉴。1930 年宝洁收购了英格兰 Thomas Hedley & Co., Ltd. 的 Fairy

① Procter and Gamble:“P&G A Company History 1837-Today”, www.us.pg.com.

Soap,从此开始收购其他公司,这也正式成为企业经营的重要战略模式。

1933年宝洁成功地赞助了一出电台广播剧,从此白天有许许多多家庭主妇每天都反复收听宝洁赞助的广播剧广告,久而久之创造了美语中广为流传的肥皂剧(Soap Opera)一词。1939年宝洁又发布了第一个很热门的电视肥皂广告,此后主流媒体的广告营销一直是宝洁引以为傲的强项。

宝洁于1933年推出世界首卖,以Dreft命名的合成洗衣粉,次年以基本上相同的配方,开始涉足销售头发护理类产品。之后宝洁更致力于表面活性剂的研发,于二战后1946年开始销售强力去污且不伤衣服的汰渍合成洗衣粉。它的诞生可用"十年磨一剑"来形容,庞大的研发经费及冗长的研发时间几乎让整个计划终止。此外,如果研发成功,高层领导更意识到,这意味着宝洁将会被自身研创的新产品逼上彻底改变之路,公司现有以生产肥皂为主力的生态体系将随大江东去不再复返①。当时的总裁威廉·库珀·波克特在这个抉择的当口,留下了一段经典之句:"合成洗衣粉或许会摧毁我们的肥皂事业,但如果肥皂事业注定被摧毁,最好由宝洁亲自动手。"与其在未来让勇于尝试挑战的敌人来收拾你,不如以创新突破来淘汰将会过时的自己;宝洁在当时义无反顾地持续了艰辛的研创变革之路,至今汰渍洗衣粉在美国甚至全球仍引领风骚,稳坐洗衣类品牌王座,这也证明了当初坚持创新、跳出"舒适

---

① Dyer, David, Dalzell, Frederick, and Olegario, Rowena:"Raising Tide-Lessons from 165 Years of Brand Building at Procter & Gamble", Harvard Business School Press, 2003.

圈”是一项高瞻远瞩的决定。

1935年宝洁将业务扩展到亚洲的菲律宾，1940年开始进入拉丁美洲的墨西哥、古巴、委内瑞拉等市场，1959年进入中东，从此宝洁公司逐渐成为以服务全球消费者为已任，产品营销世界的跨国企业。

打造永续经营的企业王国

从20世纪50年代到70年代，宝洁经由优质研发、制造、营销、广告、售后服务，不断成功地打造世界级品牌，1955年世界第一支含氟牙膏上市，立即让佳洁士牙膏声名大噪。1961年可丢弃式廉价帮宝适纸尿片的问世，就注定了传统尿布被取代的命运，帮宝适纸尿片迅速成为家喻户晓的世界第一品牌。同年世界首次新登场的去头皮屑海飞丝洗发精，也是宝洁坚持研创，“十年磨一剑”的另一成功范例。1964年宝洁成功销售Charmin卫生纸及Bounty厨房纸巾；1967年宝洁在欧洲销售由欧洲研发团队开发的含酶洗衣粉碧浪（Ariel），之后Ariel品牌也成功畅销拉丁美洲及亚洲；1972年宝洁发售强力去除残油的Dawn洗碗精，及烘干机专用柔软纸Bounce。简单地说，合成洗衣粉带动了宝洁公司在50年代的精实壮大，纸类产业则无疑带动了宝洁在60年代及70年代的飞快成长。

1958年美国民权运动正方兴未艾，宝洁就率先推出第一个以非洲裔美人为主的洗发水广告。到1962年宝洁实施内部多元化政策（Diversity Programming），不分性别、种族或宗教信仰，在多元文化的精神下，雇用新人及培训领导干部，并为所有员工提供平等升迁的机会。1971 年宝洁选择在美国民权运动最激烈的佐治亚州的 Albany 增设新工厂;在 Albany 种族问题冲突最前线经历的学习,为日后宝洁如何在全球所有分公司、工厂、研创中心等组织单位建立包容、平等的企业文化,并保持高效率的团队精神提供了最宝贵的第一手经验。

20 世纪 80 年代宝洁大举收购其他公司,包括 1982 年收购 Norwich Eaton Pharmaceuticals,将著名胃乳液 Pepto-Bismol 纳入旗下,从此宝洁正式销售健康护理产品。1985 年收购 Richardson-Vicks,从此 Vicks、玉兰油、潘婷等品牌纳入宝洁大家庭,更加壮大了宝洁在健康护理、家庭护理及个人护理产品的阵容。1990 年收购止汗膏品牌 Old Spice、1991 年收购化妆保养品牌 SK-Ⅱ、1997 年并购卫生棉条品牌丹碧丝(Tampax)、2001 年收购头发护理品牌草本精华(Herbal Essences)及保健品牌 Aussie。2005 年宝洁收购吉列,一次性网罗了吉列、欧乐-B、博朗等国际知名品牌,这也是宝洁公司有史以来最大的收购案。20 世纪 80 年代到 21 世纪初,无疑是宝洁由收购进而布局全球,大展鸿图的二十多年。如今这些品牌,许多已进化升级成世界级知名品牌,成为宝洁产品营销全球的主力部队,不仅成就了宝洁今日的国际霸业,也奠定了宝洁永续经营的基石。

1987 年宝洁开始一项名为“Dawn Wildlife Rescue”的行动,40 年来如一日,拯救无数因油污染而濒临生命危险的野生动物。2004 年宝洁推动名为“Children's Safe Drinking Water (CSDW)”的计划,在全球落后地区免费提供方便小包,快速净化已遭污染的水源,预计于 2025 年可达到净化 250 亿公升安全饮用水的目标。

2005 年展开“Live, Learn and Thrive”行动，由宝洁全球至少 65 家分公司同时致力于改善当地儿童生活质量，如在非洲开展疫苗捐赠，在中国偏僻地区建立“希望小学”等，多年来持续推动超过 100 多个博爱计划。2006 年宝洁帮宝适与联合国儿童基金会(United Nations Children's Fund, UNICEF)建立伙伴关系，至 2012 年已捐赠 3 亿支疫苗给发展中国家孕妇及新生儿，共同努力消灭破伤风。2016 年宝洁宣布用海滩回收塑料生产海飞丝洗发水包装瓶；2017 年宝洁宣布于 2020 年全球所有 45 个制造工厂将实现“零”废弃物目标。

2018 年宝洁公司宣布“雄心 2030 (Ambition 2030)”的环境永续远景，包括实现产品包装 100%可回收或可再利用的目标；开始在网站上公布所有产品原料的名称、用途、环境及人体安全测试结果等信息，让全球消费者获得公开透明的信息，了解并选择产品；开始在全世界 10 大城市，以先进的技术全面回收再利用使用过的婴儿、成人纸尿片及卫生棉。

任何长寿的跨国企业都必须通过历史长河的严格考验，宝洁公司无疑是其中少数的资优生。上述历史回顾中，说明了 180 多年来，宝洁一直在保持核心价值和创造未来之间维系着动态平衡，在时间的洪流中、一回又一回的洗礼中不断成长，经历一次又一次的磨练而更加茁壮。

日本、中国台湾、中国大陆的“快消之王”金字招牌

宝洁公司发迹于美国俄亥俄州辛辛那提市，早在 1935 年就已

进入了菲律宾，但直到1973年才经由日本逐渐有计划地正式进军亚洲市场。这40多年来宝洁成为极少数外资企业能突破日本贸易保护主义的重围，成功经营的典范。高田诚先生在《P&G高效团体管理课》一书中，明确指出宝洁多年来面对的是一个严峻、充满挑战的日本市场：(1)有历史悠久、技术精湛、营销力强大的本地日用消费品公司；(2)有苛刻、挑剔、追求完美的日本消费大众；(3)所有本土对手会周期性地不断变换调整产品①。

宝洁以与时俱进的新技术、新产品，领导并改变了日本日用消费品市场，无惧地迎击日本同行的挑战，与当地强龙如花王公司正面交锋，争夺日本洗衣洗涤清洁产品霸主多年，几乎不分伯仲。主力化妆品SK-Ⅱ更引领风骚、带动潮流，多年来与资生堂等日系名牌化妆品公司抗衡，闯出并打响了自己的名号，成为日本化妆品界的时尚奇葩。

宝洁自1985年才进入中国台湾市场，取名“宝侨”。台湾一直是宝洁新产品的重要试验市场，例如潘婷Pro-V洗发精，当年就是先在台湾取得成功上市的宝贵经验，然后才迅速复制运用到其他市场，如今潘婷早已成为全球最知名、最畅销的洗发水之一。三十多年来，宝洁一直是台湾新创日用消费产品的领头羊，成功建立了帮宝适、玉兰油、海飞丝、SK-Ⅱ、好自在等产品在台湾的拔萃地位。

宝洁公司在中国改革开放后，于1988年正式由广州进入中国大陆市场，取名“宝洁”。在北京大学出版社出版的《与中国一起成

① 高田诚：“P&G式，伝える技术、徹底する力”，朝日新闻出版，2011.

长：宝洁公司在华20年》一书中，指出“广州良好的经济社会环境和开放的政策，为宝洁在中国的强劲发展提供了有力的后方保证”。

在中国大陆上市的第一个产品海飞丝洗发水，推出即一炮而红，短短12个月，就取得了在广东各大城市15%的占有率；随后玉兰油和飘柔也相继成功投产，数年内迅速成为中国大陆最大的日用消费品公司之一①，也因其产品为日消品，多年来宝洁公司在中国便拥有“快消之王”的霸气头衔②。

过去30年宝洁在中国市场也是有起有落，并非一帆风顺，因为一方面要面对欧美日等国际强劲对手的挑战，另一方面也要面对中国本土企业正迎头赶上的威胁；在中国大陆这个传统与现代、大都会与小乡镇并存的市场上，不断调整、创新和改变，终于赢得消费者的认同，搏出一条“宝洁之路”。

当今中国十大品牌企业排行榜中，宝洁的多项品牌如汰渍在洗衣粉类，海飞丝、沙宣、潘婷在洗发水类，舒肤佳在香皂类，佳洁士在牙膏类，玉兰油在护肤保养品类，SK-Ⅱ在化妆品类，欧乐-B在电动牙刷类等均名列前茅，可谓成就非凡③。至2018年底，中国大陆日化产品市场规模达4 858.65亿元人民币，宝洁公司约占10.2%，在所有4 000家中外企业中排名第一④。同时，宝洁公司

① 北京大学汇丰商学院跨国公司研究项目组：《与中国一起成长：宝洁公司在华20年》，北京大学出版社，2009年4月1日.

② 《快消之王归位》，无时尚中文网，2019年1月24日.

③ 《2018十大品牌企业排行榜》，中国品牌网，https://mip.chinapp.com/search，2018.

④ 《2019年中国日化行业市场竞争格局及发展趋势分析　本土化产品市场集中度逐渐增大》，前瞻网，新浪财经，2019年6月11日.

30 多年来为中国经济的突飞猛进，及企业领导人才的培育上做出卓越贡献，更是赢得“中国企业界的黄埔军校”美名。

前几年，许多人认为宝洁这块“金字招牌”已经掉漆、过气、没落、走下坡路，不再拥有以往的风华；尤其在中国，不看好的负面评价似乎成了商界的定见。例如 2019 年 3 月，宝洁宣布退出巴黎泛欧交易所，在中国一时之间没有根据的报道铺天盖地而来，有人说“快消帝国没落”，也有人说“宝洁退市”，谣言满天飞。殊不知，宝洁公司的股票交易 99.99%集中于纽约证券交易所，退出巴黎交易所是出于成本和简化管理的考虑，对整个企业的营运毫无影响。也许是见猎心喜，断章取义地说宝洁正在倒下比较容易博人眼球。还有人评论说：“即使是那些在过往的三十年里取得巨大成功的国际品牌，也在新的竞争环境下表现得难以适应。家用化工产业的宝洁进入中国已经二十三年……可是，在 2011 年，它同样发现自己染上了不适症。”①

近年来，宝洁公司在逆境里愈挫愈勇，在低迷中不屈不挠，充满活力、走出阴霾，不但在日本继续重击当地对手，保持高度成长，在大中华市场，在中美贸易争端的寒冬之下，更屡创佳绩。我在和许多国内业界友人聊天时，发现对方口气已大为改变，佩服“姜是老的辣”，宝洁底子厚、韧性强、人才多、变革快，这会儿在中国又跳起劲舞，更年轻地热起来了！近期宝洁公司全球总裁戴怀德(David Taylor)更是对外公开霸气地说：“没看到中国的生意近期

① 吴晓波：《激荡十年，水大鱼大：中国崛起与世界经济的新秩序》，商周文化，2018 年 5 月.

衰退、难做。”

数据显示,“92%的中国家庭在过去一年中使用过宝洁产品,85%的中国家庭使用超过两个以上宝洁品牌”。宝洁公司与中国消费者每天有上亿次接触[①]。根据2019年财报,宝洁中国区业绩约为63.1亿美元,创下历史新高,表明宝洁之前在中国提出的3D准则——“为中国设计、在中国做决定、以中国速度前进(Design for China, Decide in China, Deliver at China's speed)”——发挥了作用。这块“快消之王”的招牌,默默之中又开始闪着金光,再造“新宝洁”的光荣。

究竟有多大?数字告诉你

2019年度宝洁企业年收入约677亿美元(约合4 700亿元人民币),按最近披露的《福布斯》全球前2 000大企业名单,宝洁公司排名第53位,在同类型家庭及个人护理产品企业中排名世界第一[②]。若按国际货币基金组织(International Monetary Fund, IMF)统计的2018年世界各国国内生产总值(gross domestic product, GDP)来看,宝洁年收入677亿美元相当于在世界190个国家中可排在第74位,约等同于中南美的巴拿马的经济规模,或略大于东欧保加利亚的GDP。

① 《2019宝洁之家:讲述台前幕后的“新宝洁”》,搜狐网,2019年6月15日.
② “Global 2000: The World's Largest Public Companies”, Forbes, May 15,2019.

2019年7月初宝洁公司的市值约为2 800亿美元(约合1.96万亿元人民币),此数字可在2018年中国内地31省市GDP排名中排到第20名,刚好超过云南省的1.79万亿元人民币;这个数字也几乎等同于台积电(约1.4万亿元人民币)、鸿海(约2 400亿元人民币)加台塑化(约2 200亿元人民币)三家台湾最大企业的市值总和。

根据宝洁公司2018年的年度财报,宝洁公司四大类产品占全年营收的比例分别是:婴儿/妇女/家庭护理类(Baby, Feminine & Family Care)占27.1%,美尚类(Beauty)占18.6%,衣料/家居护理类(Fabric & Home Care)占32.1%,健康/仪容类(Health & Grooming)占21.5%。如果年营收以区域来区分,那么北美洲占45%,欧洲占23%,拉丁美洲占8%,亚太地区占9%,大中华地区占8%,印度/中东/非洲地区占7%,基本上年营收的65%来自发达国家,35%来自发展中国家或地区。最近几季,宝洁在中国市场表现优异,持续保持10%以上的两位数增长。

近两年,宝洁公司又相继收购了在线直销除臭剂Native、美尚护肤品牌Snowberry及First Aid Beauty(FAB)、德国Merck KGaA消费者保健业务及天然女性卫生用品公司This is L。

前面提到过宝洁旗下有22个品牌,年销售额超过10亿美元,此数字是同类型企业主要竞争对手的三倍以上,另有19个品牌年销售额也都超过5亿美元。因品牌众多,每年宝洁在全球花费的广告费约为70亿美元(约合490亿元人民币),约占年营收的11%,名列全球企业第一。

宝洁公司现有约 97 000 名员工，他们分散在全球 70 多个国家或地区的宝洁分公司，其中在中国约有 8 000 人。2019 年度平均每名宝洁员工的年产值约为 70 万美元(约合 490 万元人民币)。

宝洁公司研究发展部约有 6 700 人，遍布全球各地 28 个创新研发中心，其中 4 个分别坐落在亚洲的中国北京、日本神户、新加坡、印度班加罗尔。年度研发经费约 19 亿美元(约合 133 亿元人民币)①，大约占总年收入的 2.9%，在同业中名列前茅。

宝洁公司 2018 年将盈余中的约 143 亿美元(约合 1 000 亿元人民币)以分红及回购股票的方式回馈全球股东，这个数字足以买下 150 架 F35 战机。自 1891 年以来，129 年宝洁无间断地每年每季给股东配息，同时也是第 63 年连续年年增加配息额度。过去 10 年，宝洁公司累计回馈全球股东约 1 350 亿美元②，相当于9 450 亿元人民币。当今世界上最强大的超级计算机之一——IBM 的高峰(Summit)造价约每台 2 亿美元，也就是说，过去 10 年来，宝洁回馈给全球股东的股息足以买下 675 台超级计算机，这样的纪录在全世界的企业中绝对是少之又少的。

一般公认宝洁公司在营运上有五大核心强项(图 4)：(1)了解消费者(Consumer Understanding)；(2)创新(Innovation)；(3)开拓市场能力(Go-to-Market Capabilities)；(4)规模(Scale)；(5)品牌建立(Brand-Building)。这五大强项或称相对竞争优势，让宝洁有

---

① "The 2018 Global Innovation 1000 Study", Strategy &, https://www.strategyand.pwc.com/gx/en/insights/innovation1000.html, 2018.

② Procter and Gamble: "2019 P&G Annual Report", http://www.pginvestor.com/CustomPage/Index? KeyGenPage=1073748359, 2019.

别于其他对手，成功地成为世界级跨国企业、产品营销的常胜将军。

图 4　宝洁公司五大核心强项(取材于 pg.com)

结语

全世界有 190 多个国家，宝洁公司身为世界最大的日用消费品企业，在 70 多个国家或地区设有分公司，产品营销 180 多个国家，全球有数十亿人此刻正使用着宝洁产品，这对一个世界级的跨国企业来说是一种荣耀，更是一种责任。而将这“美化消费者的生活(Improving Consumers' Lives)”的责任化为宗旨，就把不同背景的 9 万多名宝洁员工紧紧地团结在一起，共同朝着这个宗旨迈进。

宝洁前全球总裁德普雷(R. R. Deupree)曾说："宝洁经历过战争、天灾、大火、经济萧条，然而这一切的挑战与考验，在全体员工通力合作、团结努力之下，把宝洁造就成为更坚强、更有智慧的企业。"就像一棵大树的成长，向下扎根、往上结果，一切并非偶然，宝洁公司历经 180 多年的风吹雨打，在挑战中学习，在试炼中成长，虽然过去的成就不代表未来就一定成功，但过去一步一个脚印的学习成长，绝对是冲破难关、克服挑战的最佳武器。

宝洁之所以能长寿的密码，我根据以上宝洁的历史、个人长期的经历和观察、多次企业内访谈，以及诸多相关参考资料，将其综合归纳成六点：(1)传承企业文化；(2)积极培育人才；(3)精实研发创新；(4)完善危机管理；(5)力行可持续发展；(6)顺应时代趋势(图 5)。在

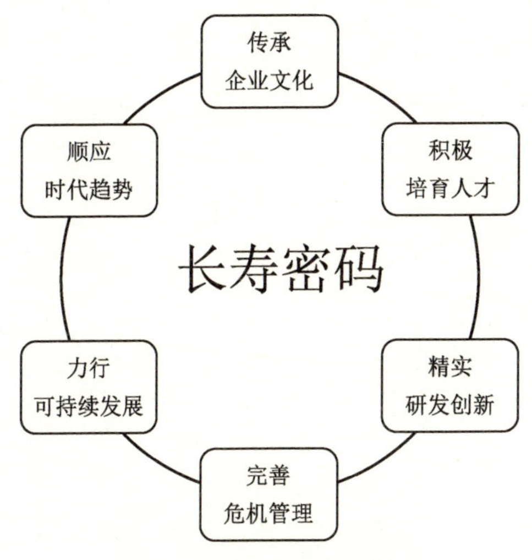

图 5　宝洁公司长寿的密码

随后的六章，我将分别针对这六大密码，进行细致探讨、分析和解读，和读者一道鲜活地学习宝洁公司之所以能够独步全球、永续经营的精髓。

第一章

传承企业文化

没有可传承的优良文化，企业只会短视且短暂

宝洁的企业文化在于特殊性的宗旨、价值观及原则（PVP）企业文化与普遍性的美商企业文化的相互交融。平实不浮夸、四平八稳，且有特色的圆融 PVP 文化，搭配美商企业有原则、有制度、充满求胜上进心的方正普遍性文化，两者相辅相成，就像外圆内方的中国古钱币那样外柔内刚，如此代代相传，带领着宝洁公司走在康庄大道之上。

是的，它如影随行、无处不在

企业文化的概念与定义，有许多不同的表述，20 世纪 80 年代初特伦斯·迪尔（Terrence E. Deal）和阿伦·肯尼迪（Allan Kennedy）出版了一本畅销书《企业文化：现代企业精神支柱》（*Corporate Cultures*：*The Rites and Rituals of Corporate Life*），这本书曾被评为 80 年代最具影响力的管理学著作之一，它对企业文化的分类及特性进行了深入的探讨及剖析，成为论述企业文化的经典著作。

这本书用实例明确指出，要成为成功的企业，关键在于“能否创造强有力且具有特色的优良企业文化”。通过各种宣传及不断学习，这种文化逐渐被强化，而为全体员工共同遵守的价值观①。说得直白一点，就是员工自发的行事准则与风格，此准则与风格往往无需公司高层特别安排或正式下达命令，但它随时随地、无时无处不在。

我的侄女在纽约一家世界知名的时尚杂志社担任网络专栏编辑，但不久前突然辞去工作，决定做个自由作家。

“为什么离开这家人人向往的国际公司？”我好奇地问她。

她毫不犹豫地回答：“是因为对完全以盈利为目的，把赚钱当作一切的企业文化不适应。”

我在与许多朋友的聊天中，也常常会谈到他们公司的文化，他们有的很喜欢，有的很厌恶，但绝大多数的反应是“很无奈”。事实上每个组织不论大小，都存在着自己的文化，如果你不能适应这个文化，只为了薪水或公司名气而留下来，就必须忍受这个一天二十四小时，一年三百六十五天，几乎如影随形的“文化”，这是一件很痛苦的事。

优良如不能传承，终究是白搭

有的文化很薄弱，有的却很强势，有的像一道暗流，有的像潜

① Deal, Terrence E. and Kennedy, Allan:“Corporate Cultures: The Rites and Rituals of Corporate Life”, Harmondsworth, Penguin Books, 1982.

规则，如同空气一样，触摸不到却无处不在。企业文化像是企业的灵魂，对整个企业有着巨大且深远的影响，如果没有可传承的优良文化，可以确定的是，企业只会短视且短暂。

最近一部《中国民营企业发展报告》指出，“中国有 60% 的民营企业在 5 年内破产，85% 在 10 年内消亡，平均寿命竟只有 2.9 年，营业额超过 1 000 万元的平均寿命是 7 年”①。中国企业为何如此“短命”？该报告的结论认为，这与企业为追求眼前利益，而跟风模仿、心态投机、牺牲诚信的经营文化有很大的关联。

强有力且具有特色的优良文化，无疑是企业成功的金钥匙，但是重点在能否传承。要不然任何成功企业，都很难逃脱富不过三代的千年魔咒，终究是白搭。许多大企业的开创者犹如汉武帝、唐太宗，开疆拓土、武功盖世，霸气领导、纵横商场，因各人卓越的远见，公司经营取得空前的非凡成功；但一旦强人走下神坛，企业便从云端跌入凡间，这样的戏码不断在上演。

企业想要长寿可持续，就必须要有可传承的企业文化，如此才是王道。它不是贴在公司各个角落的口号，也不是一时的“个人秀”，而是深植在每位员工心中代代传承的准则或风格。

宝洁公司可传承的企业文化，我归纳有两种：(1)特殊的企业文化，就是宝洁特有的宗旨、价值观及原则(Purpose, Values and Principles，PVP)，(2)普通的企业文化，就是美商公司常具有的美式文化。特殊与普通的两种文化同时深植在每一位宝洁人的心

① 林家彬，刘洁，项安波：《中国民营企业发展报告》，社会科学文献出版社，2014 年 12 月.

中,不论他来自哪个国家,是什么样的文化背景,从加入公司的第一天开始就受到熏陶,渐渐成为习惯,在不同场合、不同时间,就会自发性地表现出来、延续下去。

圆融外柔,宝洁特殊的 PVP 文化

有人调侃说 P&G 就是"Profit and Grow"的简称,这也许是因为宝洁人在外面开会时常常为公司利益及成长表现出理直气壮、咄咄逼人的样子,而令人产生这样的直觉印象。之前我还在宝洁任职的时候,不论来访的是宝洁公司企业高层,或是在工厂生产线上的员工,或是在研究室的科学专家,当我问他们:"宝洁特有的企业文化是什么?"他们几乎会一致地答道:"就是 PVP。"

那宝洁的 PVP 究竟是什么? 它深层的意义及具体的表现是什么? 以下我们来做进一步探讨与了解。

若说 PVP 是宝洁公司的定海神针、导航仪也绝不为过。当宝洁人对内或对外,做任何事或任何决定时,第一个浮现在脑海的并不是"这样做能为公司带来多大的利润",而是"这样做是否遵守或违反 PVP"。如果不确定是否符合 PVP,下一个直觉动作,就是要立刻咨询法律部门或法规部门,先弄清楚这个最基本的问题。

记得我 20 年前刚进公司不久开过一次内部会议,讨论宝洁是否与其他国际公司成立联盟,一同影响亚洲未来新的化学物质管理法规,让这些法规多与国际接轨。当大家在会议上热烈讨论要

联合哪些国际公司、该计划对公司在亚洲营运的重大影响、确立计划主旨及下一步行动时，远道而来的美国籍上司却当场郑重声明："在没有咨询法律部门，弄清楚符不符合公司 PVP 之前，一切运作暂停。"这件事让新进人员的我至今印象深刻。

多年后我已晋升为亚洲产品法规及安全部主管，有一次因为原料供应商的疏忽，提供了错误的原料，虽然产品在安全、功效及外观上没有问题，但有法规上的缺失，基于遵守公司 PVP 的认识，我毅然决定直接向日本、韩国、泰国等政府的主管部门诚实报备，一方面用数据说明产品是安全的，另一方面保证今后的产品已经得到改善。我们内部也与各分公司总经理达成共识并作出决定，如果无法得到当地政府的同意与谅解，那么已经生产的产品将就地全部销毁。当然这样做会给公司造成巨大损失。好在这一事件得到圆满解决，并赢得各国政府的尊重。

我认为 PVP 正是宝洁之所以有别于其他公司，而能于诡谲多变的 e 时代中仍屹立不倒的一个关键。当你打开宝洁公司在中国内地及港台地区的中文官网，在首页"关于我们"这一栏，立刻就能找到宝洁公司的宗旨、价值观及原则(PVP)，其全文如下。

公司宗旨

为现在和未来的世世代代，提供优质超值的品牌产品和服务，在全世界更多的地方，更全面的，亲近和美化更多消费者的生活。

作为回报，我们将会获得领先的市场销售地位、不断增长的利润和价值，从而令我们的员工、股东以及我们生活和工作所处的社会共同繁荣。

公司价值观

宝洁公司价值观
领导才能
主人翁精神
诚实正直
积极求胜
信任

宝洁品牌

宝洁品牌和宝洁人是公司成功的基石。

在致力于美化世界各地消费者生活的同时，

宝洁人实现着自身的价值。

宝洁公司，就是宝洁人以及他们遵从的价值观。我们吸引和招聘世界上最优秀的人才。我们实行从内部发展的组织制度，选拔、提升和奖励表现突出的员工而不受任何与工作表现无关的因素影响。我们坚信，宝洁的所有员工始终是公司最为宝贵的财富。

领导才能

我们都是各自职责范围内的领导者，兢兢业业地在各自岗位上作出显著的成绩。

我们对我们的工作前景有清楚的认识。

我们集中各种资源去实施领导策略，实现领导目标。

我们不断发展自身的工作能力，克服组织上的障碍，实现公司的战略。

主人翁精神

我们担负起各自的工作责任，从而实现满足公司业务需要，完善公司体制和帮助其他员工提高工作成效的目标。

我们以主人翁精神对待公司的财产，一切行为着眼于公司的长远利益。

诚实正直

我们始终努力去做正确的事情。

我们诚实正直，坦率待人。

我们的业务运作恪守法律的文字规定和内涵精神。

我们在采取每一行为、作出每一决定时，始终坚持公司的价值观和原则。

我们在提出建议时，坚持以事实为依据，并正确估计和认识风险。

积极求胜

我们决心将最重要的事做得最好。

我们不会满足于现状，不断去寻求突破。

我们有强烈的愿望去不断完善自我，不断赢取市场。

信任

我们尊重公司的同事、客户和消费者，以我们希望被对待的方式来对待他们。

我们相互信任各自的能力和意向。

我们笃信,彼此信任才能使员工有最佳的工作表现。

公司原则

由公司的宗旨和价值观产生下列原则和行为依据。

我们尊重每一位员工

我们相信每一位员工都能够,并且愿意发挥其最大潜力。

我们珍视每个员工的不同之处。

我们激发和帮助员工去实现更高的期望、标准和具有挑战性的目标。

我们如实反映个人的工作表现。

公司与个人的利益休戚相关

我们相信诚实正直地为公司业务发展做正确的事,将为公司和个人带来共同的成功。我们对共同成功的追求将我们紧密结合在一起。

我们鼓励员工股份制,提倡主人翁精神。

有策略地着眼于我们的工作

我们的业务运作基于明确并已取得共识的目标和策略。

我们只做,也只争取做促进业务的工作。

我们在任何可能的情况下简化和标准化现有的工作,提高工作效率。

创新是我们成功的基石

我们极为重视重大的、全新的消费品创新意念。

我们挑战陈规，开拓新的工作方法，从而在市场上赢得更大的成功。

我们重视公司外部环境的变化和发展

我们力求最好地了解消费者及其需要。

我们创造和提供一流的产品和包装，倡导全新的消费观念，树立成功的品牌形象。

我们发展与客户、供应商之间紧密互惠的关系。

我们的公司是有良好素质的法人。

我们将可持续性融入我们的产品、包装和运营。

我们珍视个人的专长

我们相信不断完善自我并且发展他人是每一个员工的责任。

我们鼓励并且期望员工有出色的专业知识和精湛的工作技能。

我们力求做到最好

我们力求在公司所有的策略重点上都做到最好。

我们对照公司内外的最高标准来认真衡量我们的工作表现。

我们善于从过去的成功和失败中吸取经验教训。

互相依靠、互相支持的生活方式

我们的各个业务组织、部门、品类和区域之间相互信任，紧密合作。

我们对采用他人的建议及方法取得的成绩感到自豪。

我们与所有为实现公司宗旨作出贡献的各方,包括我们的客户、供应商、学校和政府,建立真诚友好的关系。

可能是因为由英文翻译成中文,老实说宝洁中文官网上的PVP看起来有些抽象,读起来有些拗口。但重要的是,PVP的确是宝洁企业文化的核心,是企业经营的统帅,是企业行为的准则;重要的是,宝洁公司人人力行并努力传承。

宝洁公司的PVP就整体字面而言,可以说是一种"四平八稳、面面俱到"型的企业文化。不同于一些新兴新锐企业积极强调冒险创新,以快速反应来面对市场快节奏的变化,或营造无约束工作环境,以提升员工的创造力,相对地,宝洁的PVP是经过长时间的考验逐渐形成的,它开宗明义就告诉所有宝洁人:我们的宗旨是致力于"美化更多消费者的生活",以"五项价值观"强调行事重点,以"八大原则"规范行为依据。宝洁在全球70多个国家和地区设有分公司,要让遍及世界、不同背景的9万多名员工紧紧团结在一起,宝洁的PVP就必须有高度、深度与宽度。我认为,"四平八稳、面面俱到"式的PVP,正足以承担这样的大任,圆得让大家都能接受、柔得让大家包容其中,所以称它"圆融外柔"。

我认为,宝洁特殊性的PVP文化至少具有三大作用:(1)"美化更多消费者的生活"的"公司宗旨"将员工团结起来,让工作更具意义;(2)五项公司价值观基本上强调了成功的宝洁人应具备"诚实正直、值得信任，拥有优秀领导力及强烈主人翁精神，并对获胜充满热情”的特质；(3)八大公司原则依据公司宗旨及价值观而产生，是宝洁人的行为依据。宝洁员工遍及世界，在各地分公司办公大楼、工厂、研究室、物流中心，任何一个地方都随处可见 PVP 的海报。公司高层在做演讲报告时，总会先强调或引述 PVP；新进人员培训时，一定会被再三叮嘱要充分了解 PVP 的重要性；员工就算是退休或提早离开公司，也会带着这样特有的文化，在自己选择的道路上前进。

另外，特别值得一提的就是宝洁的全球商业行为手册(Worldwide Business Conduct Manual，WBCM)，这本手册是依 PVP 精神制定的，全球每年每位员工都必须先通过在线培训，并签下确认书，保证确切地遵守 WBCM 中的原则标准，即：(1)像对待自己一样对待公司的资产；(2)充分考虑公司的长期成功；(3)始终做正当的事；(4)在法律及其精神的范围内运作。

这本手册中特别强调，员工如发现执行业务过程中有任何违反法律或标准的行为，包括行贿、受贿、盗用公款、职权骚扰等，有责任主动通知公司，并配合公司进行调查。宝洁每年一而再再而三，不厌其烦地强调 WBCM，就是要全公司上上下下都清楚地知道，“遵守法律、要做正当的事”是宝洁全球经营的立足之本，每位员工务必认真严肃地时时面对。

单就传承的企业文化而言，我认为，PVP 对所有员工产生自发的行事准则与风格，最直接的深层意义及具体表现，这就是做正当的事(Do The Right Thing)。有些人批评：这样按部就班、重质量、慢工出细活等特殊的企业文化不够灵活，没有赌性，很无聊，不足以应付瞬息万变的市场，不能克服随时随地会发生的危机。但我却认为，正是因为这朴素厚实，普遍适用的PVP文化，让宝洁人做正当的事，一步一个脚印，一路走来可以说“不投机、不取巧、迈大步、走大路”，才有今天的成就。

举一个简单的例子，宝洁发布的任何广告的措辞与产品的宣称，必须：(1)有科学的数据证明；(2)要合乎当地的法规，如果没有当地的法规，也要合乎公司内部规范。记得有一次在日本审核即将上市洗衣球(laundry detergent pod)的广告及包装时，公司就否决了原先跟食物有关的所有提案，因为该产品可能引起儿童误解而被误食。为此整个团队又重新制作提案，经过无数次讨论、争辨，最后才审核通过，过程虽繁琐费时，但各相关部门都完全理解，这是“Do The Right Thing”，这样才符合PVP。

有一次我和几位来自东南亚的同事谈到PVP的好处，他们竟逗趣说“晚上睡得安稳”。当时我一下子没有反应过来，追问后才明白，原来有些私人公司的上级领导带头做亏心事，所谓上梁不正是见怪不怪的，但如果不加入一起“同流合污”就是不合群，职场生涯就会被排挤、度日如年。而宝洁的PVP让他们完全不必有这方面的顾虑，所以他们可以睡得安稳、半夜不怕鬼敲门。此话虽然有点夸张，但也不无道理。

在宝洁人的心中，合乎PVP就等同于“Do The Right Thing”。也许这有些像中国古代的传统教育，把道德教育放在首位，如孔子所言“君子务本，本立而道生”；道德就是仁义道德，要强调的不只是要了解仁义道德，更要“行”仁义道德。宝洁人不仅要充分了解PVP，更要在不断力行实践中，渐渐形成企业文化，大到决策企业未来发展的方向，小到个人与企业相关的行为规范，都与宝洁公司的特殊企业文化息息相关。由领导阶层以身作则、代代相授中，慢慢形成可传承的特有企业文化。

方正内刚，宝洁公司普通的美商文化

宝洁的PVP虽然是其特有的，但它毕竟是美国企业，所以它同时也有着美国企业文化的精神。有人说“美商晋升靠能力，日商晋升看年资”，这也许是个玩笑话，但多少也透露了美商企业文化的一些共性。

什么是普通的美商文化？根据在宝洁公司多年的经验与观察，我归纳了以下四点：(1)自由做自己，有本事就要秀出来；(2)制度很明确，在这里少有人情世故；(3)多元就是包容，就是要打破刻板印象；(4)求胜心强、荣誉感高，向来不甘于第二。这些典型的美式企业文化，与PVP特殊文化一样，也深植于宝洁。

自由做自己，有本事就要秀出来

宝洁这样的美式企业，提供的就是尊重个人，鼓励自动自发，强调自主自立的环境，让你有自由空间做自己，时时激发着个人潜能与自我表现。

在宝洁，基本上在公司没人管你，弹性化上班时间（Flexible

Working Hours),自己填写放假及加班时间,自己选择一周内哪一天在家工作上班(Work from Home),只要分内该做之事做好,至于怎么安排工作时间,是自己对自己负责。若升迁或调职会先被恳谈咨询,如不愿赴任就直说不去的原因,将完全会被尊重。企业内有全球工作机会讯息网页(Open Job Posting,OJP),只要提供工作的内部单位愿意接收,你就可自由换岗,直接调到新单位工作。

宝洁公司把星期五定为“无会议日”,鼓励员工利用星期五多做充实自己专业之事。办公室、工厂内多有咖啡、饮食、交谊、休息区,让员工有放松自己的空间。办公室、会议室、内部公共场所也多由员工自行设计,提升创意空间。在日本,宝洁每年底会选一天为“断、舍、离”之日,让员工清理计算机及各人的抽屉、储藏柜,鼓励丢掉所有不用的东西,腾出空间来装新的东西。

不论是总裁主持的全球直播,还是任何内部会议与座谈,人人都有话语权,可提问充分发表自己的意见,把真正的问题诚实地摊在阳光下,就如同公司内部流行的一句谚语:“把驼鹿放在桌子上(Put the moose in the table)。”

宝洁公司鼓励大家有话直说,不要永远当好人、和稀泥,要把真正的问题勇敢公开地放在桌面上,“直球对决”,但绝对都是“对事不对人”。说得直白一点,就是“丑话先讲在前面”,这通常是解决障碍的关键。为了表面和谐,天马行空式的会议只会流于形式,没有效率又浪费时间。

在进入任何公司一段时间后,你就必须很诚实地问自己:这到底是一个怎样的公司?是一个让你积极向上提升的公司,还是让你得过且过、大混小混的公司?

在宝洁公司,只要你愿意接受挑战,不断成长、自我提升、自我完善,因为企业够大,所以有的是学习与升迁的机会。

相对地,因为鼓舞个人奋进,提升竞争力,重视个人的绩效表现,宝洁公司内部也自然成为一个高度竞争的环境,“温良恭俭让”的东方作风肯定是不吃香的,这里是百分之一百的实力主义,要拼才会赢,要让大家看到并肯定你的实力;在这里真的“大家都很拼”,每天都有全副武装,往战场挺进的感觉。

我常在面试时告诉来应聘的年轻朋友:“没有三两三、岂敢上梁山”,我很佩服他们有胆识敢来宝洁公司找工作。但如果只是想在宝洁找个安稳高薪的铁饭碗,最好还是趁早打消这个贪图安逸的念头,不要进这样的知名跨国企业;因为在这里,晋升靠能力,资历或学历仅供参考,年轻有为、不断自我精进者快速成为高级主管的不胜枚举;相对地,无法适应强烈竞争的工作环境,提早离职的也比比皆是。

制度很明确,在这里少有人情世故

我常问一些已离职的同事:“你们觉得宝洁和现在工作的公司,最大的不同之处是什么?”回答常常是:“宝洁是一个有制度的公司。”

所有宝洁人与公司是平等的契约关系,制度、规范、准则“公平、公正、公开”,“赏罚分明”,不会因“你是谁的谁”而异,所以不讲究人情和面子,十足的理性主义。

在宝洁，大凡福利制度、分红配股制度、考核制度、退休制度、出差制度等等，可说制度完备且透明。除此之外，宝洁公司各部门也都有明确的规范和准则。因为有制度，所以分工精细、责任明确，事事有人负责；因为有规范准则，所以人人公事公办、按 SOP 标准程序处理，效率卓越。

前文提到尊重个人的文化，但有一个前提，就是在制度下“自由做自己”。“人非圣贤，孰能无过”，制度、规范、准则也可用来避免以及管理“犯错”。比如出差的餐费，基本上每餐是 25 美元，如果超过了，就必须提交发票说明为何超支。所有的供货商都是事先经过评估核准的，严禁私下订约；虽有弹性上班的自由，但也规范了一天的核心工作时间。

制度完善之下的具体企业文化表现，就是少讲形式、关系、人情，多是务实、明确、直接。制度、规范、标准是具体的，是白纸黑字的，而软性的企业精神、核心价值，也可借由硬性的制度而传承。例如之前在绪论中提过，宝洁公司早在 1887 年还是家族企业时，就开始让员工加入盈利分红，成为美国公司员工分红制度的先驱，并且自 1891 年以来，129 年无间断地年年每季给股东配息，且连续 63 年每年增加配息额度，这样长年不断的分红配息制度，与宝洁的企业核心价值紧密结合在一起，不仅赢得企业员工及投资大众对宝洁的信任，更是树立了宝洁诚信、稳健的优良形象。

例如每年员工重要的考绩评比制度，所有主管必须强制性地选出大约 5%表现不佳的员工；重点是要确切地举出表现不佳的实证，主管在部门会议上提出讨论审核，最后还要当事人及更上一级上司共同签名同意，在这样严格的考核制度下，绝难有“苦干实干撤职查办，大混小混一帆风顺”，及“主管纵容包庇烂属下”的不公不义现象。在这里跟着制度走，少有人情世故，不论对内或对外，逢年过节不用送礼，下班少有摊派豪饮，所以人际关系相对简单；不会像某些人际关系复杂的公司，天天上演“宫斗剧”，搞小团体、小圈圈、耍手腕，随波逐流久了好的没学会，逢迎巴结、欺下瞒上则是一流，且“猪队友”（指蠢笨的队友）成群，完全就是消磨人生。

有优良文化的企业不易，但要传承的话，就又是另一种境界了。将企业核心价值如诚实正直、领导才能、主人翁精神等，置入人事、升迁、分红配息等制度中传承，就像许多传统文化，靠着仪式、祭典、典章得以薪火相传一样。

企业借制度的建立，让企业文化从无形变有形、更具威力。虽然制度会因时、因地有所不同，但其中优良文化的精神、精髓不变。企业文化除了宝洁人以身作则、代代相传外，经由制度也是其传承的另一法门，而这一点宝洁公司做得的确很优秀。

多元就是包容，就是要打破刻板印象

清朝名臣林则徐有一句自勉名言：“海纳百川，有容乃大。”这句话给重视多元（diversity）的企业文化下了最好的注解。宝洁公司有来自世界各地 9 万多名员工，本身就是一个多元的大家庭，重视多元的企业文化就如海纳百川，多元化尊重且信任员工在工作方式、习惯、思考、观点、背景的差异，同时不让性别、种族、肤色、宗教、级别、性倾向、政治倾向等的不同而影响到工作效率及人人平等的原则,如此方能有容乃大。

许多企业强调多元化,只是为了包装打造形象,或者把无法有效推动多元化的原因归咎于“历史共业”。但宝洁公司绝对不是纸上谈兵、光说不练;最近宝洁宣布在2023年实现全球女性广告营销总监由今日的10%提升到50%的目标①,即是以积极行动来改善历史共业;另外,由 *DiversityInc* 评估全美最佳多样化公司,宝洁多年来一直名列前茅,这些都是最好的证明②。

如果一个团队或领导阶层都是一群相似背景、经历的人,久而久之就会排挤他人,形成小圈子,就会腐化。反而是一群多样性人才的组合,才能因不同的思维,在一个安心的环境下、放心的氛围中,彼此尊重、交流想法,进而从不同角度切入,带进新点子、新创意,让整个团队甚至公司更具活力,更能发挥最佳绩效。《哈佛商业评论》的一篇研究揭示,多元领导高层的企业,有大于45%的概率提高市场占有率,70%的可能性开拓新市场③。

日本是公认的较为保守的国家,然而宝洁在日本的领导团队,历年来就像是一个小小的联合国,成员来自全球各个地区。也许就是因为这样的多元化领导班子,宝洁公司在日本不断以新思维、新产品、新技术,领导并改变了日本的日用消费品市场,成为少数

---

① Green, Jeff:“World's Biggest Advertiser P&G to Hire More Female Directors”, Bloomberg.com, June 18, 2018.

② DiversityInc:“2018 DIVERSITYINC TOP 50 COMPANIES FOR DIVERSITY”, diversityinv.com,2018.

③ Hewlett, Sylvia Ann, Marshall, Malinda,and Sherbin, Laura:“How Diversity Can Drive Innovation”, Harvard Business Review, December 2013.

在日本长久经营成功的跨国企业。

多元化除了令企业更鲜活，带动创意创新的文化还能打破刻板印象，打破“日本人沟通能力差”“中国人只会斗”“印度人全凭一张嘴”“亚洲人不擅交际”等许多负面情绪的暗流。

宝洁的团队不仅是组成成员多样化，更是致力于尊重且信任在工作方式、习惯、思考、观点、背景的差异；换言之就是让“异见”或“异想”被充分表达。我记得有一次参加研发创新部门干部培训，当时主讲的资深副总裁告诉大家他之所以能做到宝洁全球副总裁，最大的原因就是不惧提问，表达不同意见。

这位资深副总裁的成功，与宝洁内部一句流行的格言——“没有愚笨的问题(There are no stupid questions)”相呼应。这句话正反映出两个面向：(1)不要沉默装懂或做“伪君子”，而要鼓励勇于提问，表达“异见”“异想”；(2)要有接纳“异见”的雅量，聆听“异想”的胸襟。当不同的意见有渠道被充分地表达出来，常常能刺激或挑战惯性的行为立场或思考模式，进而带来新契机、新动能。另外一个例子，就是在宝洁有些部门，会刻意挑选几位优秀的新经理，直接参加领导团队会议。有时组织太大，从上到下的距离真的很远，用这种方式聆听来自基层的心声与建议，不失为领导们“接地气”的一种好方法。

宝洁主动寻求多元化意见的最具体的做法，就是每年春季进行全公司员工调查(Employee Survey)。这个调查就像一年一度的企业健康检查，其中最重要的目的就是让所有员工对公司及所属，包括同事关系、多元化、领导的信心、工作意义、个人福利、事业单位的信心、工作简单化、总体奖励措施、工作生活平衡等项目，做全面、无记名的评比。希望利用此机会，一是让沉默的大众无恐惧地直接表达意见，二是让员工知道，表达意见、提出改革建议不会石沉大海。所有的主管都非常重视调查结果，对于表现不佳的项目，必须负责地向下属员工提出年度具体的改进方案。

在宝洁公司这个大家庭，不论是作为人数上的少数，还是意见上的少数，你都不会被歧视，或感觉是弱势，因为多元化的文化让多元化的价值彰显。在这里"看的是潜力，靠的是实力"，少用负面说辞，或被忽视来解释自己的"不幸"，要多用成果来证明自己是英雄。

求胜心强、荣誉感高，向来不甘于第二

有一位日本友人，他在一家高级管理人才培训公司担任总经理，最近他和我一起谈到"日本公司最大的危机是什么"这个话题。他直言就是"缺乏求胜心"。他还认为"许多日本企业安于自己的舒适圈，领导班子以过去的经营方式坐在现在高级别的位置，决策未来的事"。如同古训所言"生于忧患，死于安乐"，外加年轻 e 世代安于做"御宅族""隐蔽族"，让这位友人非常忧心日本企业往后在国际舞台上的竞争力。

也许是受美国人拓荒精神的影响，宝洁公司有着强烈求胜心(Winning)文化。有旺盛的企图心要赢，要赢取市场，要做第一、不甘于第二；有旺盛的企图心要更好，不满足于现有成就，不断寻求突破。

除了美式企业传统的拓荒拼搏精神，我认为宝洁公司旺盛的求胜心文化，另外来自对企业的荣誉感。这是一种无形的力量，很难用笔墨形容，但当你有机会和宝洁人交谈时，就会从他们的言语与眼光中，感受到这种对企业的自豪与光荣。有人说“工作成果=能力×干劲”，一个人充满荣誉感时，就会有干劲，这种自发性的荣誉感，无形中会形成巨大的向心力与执行力，提升员工的敬业精神和归属感；尤其当企业面临困境，这种精神就会迸发出来，发挥风雨生信心，同舟共济、逆转胜出的威力。

例如前几年，尤其是美国总统特朗普上任后，美股持续大涨，但因美元持续强势、原料价格上涨、运输及营销成本提高、竞争对手表现抢眼等因素，宝洁公司营运不佳、表现逊色，严峻的挑战四起，股价表现远逊于大盘，许多人认为宝洁已经掉漆过气，即将没落。但这一年多来，宝洁公司在逆境里愈挫愈勇，在低迷中不屈不挠，充满活力、走出阴霾；2018 年 10 月的财报终于扬眉吐气，为五年来表现最好的一季，接着多家金融机构调高对宝洁的评级，宝洁俨然成为一波波中美贸易争端寒冬中美股抗跌的中流砥柱；2019 年 1 月底的财报，更是一举调高年度财务预测，宝洁股价一路攀升、屡创新高。

许多财经专家从市场营运策略的角度，陆续评论探讨宝洁公司扭转劣势、向上提升的原因。答案不外乎如下：特朗普上任后，对大企业包括宝洁公司大幅减税；成功出清一系列非核心子品牌，专注核心品牌升级换代，及主力市场经营；逐步从全球 6 000 个广告和公关代理商，瘦身至 3 000 个；全球员工由 2013 年的 12.1 万人，精简至 2018 年的 9.2 万人；网购销售形势大好、中国及印度近双位数增长、美尚事业尤其SK－Ⅱ及玉兰油大幅增长、创新产品热销等等。表面看来，这些答案也许都对，但我认为，宝洁公司能重振雄风，背后最重要的原因就是“求胜心强、荣誉感高”。

即使身处逆境，我仍看到大家遵循企业总裁提出的“有话直说(Straight Talk)，提高标准(Raise the Bar)，担当负责(Personal Accountable)”的指示，以要赢、要更好的高昂求胜企图心，不断地在自己的岗位上完善自我、表现韧性、逆风而行，相信“将事做到最好，明天就会更好”。

逆境并不可怕，可怕的是在逆境中选择了放弃。宝洁公司前几年在不顺中仍愈挫愈勇，并未像斗败的公鸡那样没了干劲，就像伊丽莎白二世女王的一句名言：“当遇见生活中的困难，期许自己当为未来而起身奋起者，而非直接屈服于失败。(When life seems hard, the courageous do not lie down and accept defeat; instead, they are all the determined to struggle for better future.)”这让我更亲眼见识到这种求胜心强、荣誉感高的企业文化，在低迷中不屈不挠、逆转胜出的强大威力。

以上所提的尊重个人、制度完善、重视多元、求胜心强的美商企业文化，常常与保守内敛的东方文化有格格不入的感觉，然而一旦加入宝洁公司后，你就会很快明白，不管你喜不喜欢，对不起，企业文化是不会为你而改变的，要么你离开公司，要么就必须努力改变自己，适应这样的美式企业文化。这些普遍性的美商企业文化从某种角度而言，都是有棱有角、刚强有力的，所以我称之为“方正内刚”。难怪有些日本女同事常说，加入宝洁后，她的家人反映“她变得有点咄咄逼人、据理力争，越来越不像日本女人了”。

有一次参加国际会议时，几位日本政府官员对我说：“你们宝洁公司的人个个勇于提问，总是直接表达自己的意见与想法，与其他公司的人截然不同。”日本是一个充满“暗默规则”的国家，人们从小就被训练得“长幼有序”、会“读空气”，对于“直来直往”的宝洁文化较难接受。当然，我会有礼貌地告诉他们——“这是宝洁的文化，就事论事。还请多多包涵。”

结　语

众所周知，大象是陆地上最大的动物，跨国企业就像一只偌大的大象，无可避免地因体型大而会笨重、行动缓慢、不易转弯，但如果是一只明确知道方向且训练有素的大象，则它同样可以快速翻山越岭、过河涉水，这是其他小动物难以做到的。

大企业有大企业经营的方式，不再那么容易有快速惊人的成长。但宝洁公司有务实务本、不浮夸、四平八稳且有特色的 PVP 文化，搭配美商企业的普通文化，两者相辅相成、相得益彰；让宝洁人从入公司的第一天就开始耳濡目染，让整个企业成为训练有素的大象，关关难过关关过、勇往直前。

宝洁兼有特殊的 PVP 文化，及普通的美商文化，前者圆融、后者方正，就像是中国古钱币“孔方兄”（图 1-1），外圆内方、外柔内刚，传统中有效率、平实中带生气。这两种文化同时深植于每一位宝洁人的心中，带领企业鹏程万里。

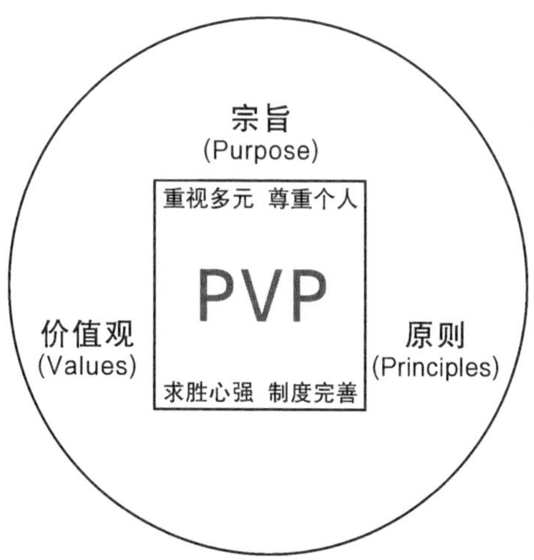

图 1-1 宝洁特殊及普通的企业文化

创造形成强有力且具特色的优良企业文化不易,但传承更难。正如同我手边一本泛黄的宝洁公司旧讯息概要,上面清晰而有力地写着:“我们的核心价值观已经传承了几代人,并且是全球宝洁人日常行为的准则。(Our core values have been handed down over the generations and are role-modeled in the everyday actions in P&Gers around the world.)”靠人也靠制度,代代相授、代代相传,宝洁公司产品营销全球 180 多个国家和地区,成功经营 180 多年,打破富不过三代的魔咒,传承的企业文化是功不可没的法宝。

第二章 积极培育人才

企业开创千秋大业的关键是人才

人是企业唯一真正的资源，宝洁公司育才的功力，世界公认。在人才招聘、培养、晋升、换岗、留才等方面，宝洁都是积极下功夫树人。每一个企业都会说自己多么重视人才培养，但许多公司都遇到人才短缺、断层、到处挖角的困境。宝洁很清楚，企业的崩塌与没有人才息息相关，人才的短缺、断层，常常就是企业“短命”的前兆。

礼遇新进、尊贵荣退，细心又到位

教育界有句名言“十年树木，百年树人”，强调了培育人才乃百年大计。其实企业界也是如此，企业唯一真正的资源就是人，宝洁公司有 9 万多名员工，要维持这么庞大的企业在全球营运，如果没有培养优秀的人才代代相传，是不可能办到的。

记得当年申请到宝洁工作时，我还在美国明尼苏达州的一家顾问公司担任环境工程技师。经过几次电话访谈后，我竟收到飞往宝洁日本神户亚洲总部正式面试的通知，当时让我雀跃不已。等我飞到了日本关西机场，穿着制服的日本司机早已在出口举牌恭候多时，当晚在神户六甲岛喜来登酒店晚餐，面试联络人为我细心解说面试流程。面试当天我除了和三位主管一一面谈外，还安排了和几位公司新人座谈，面对面了解他们进入宝洁后的感想，然后参观亚洲总部大楼及周边生活圈。虽然这只是一次例行招聘面试，我却深深感觉到自己被视为人才的用心与礼遇。这一刻不仅是宝洁选人，同时也让应聘者充分感受到"宝洁重视我，值得被我选"，此情此景我至今仍历历在目。

1996 年初我正式成为宝洁的一员，由公司全程安排，举家由美国明尼苏达州搬到俄亥俄州辛辛那提市，先做专业培训。一年后，全家再千里迢迢搬到日本神户，先住进公司承租的公寓大楼，待美国的家俱全部运到后才完全安顿下来。在迎新会上，我仍记得部门主管对我说："欢迎来到日本，挑战从明天开始，请努力证明我们的眼光是正确的，证明你是人才。"

这一年，我全家从美国到日本，入职、培训、搬迁到安顿，公司说到的都做到了，许多同仁投入心力物力，对新进人员细心相助，我永远铭记在心。

转眼间 20 多年过去，2018 年初我即将从宝洁退休，人事部门便指定一位经理专责办理我的离职，这位经理为我认真解释所有流程，由离职手续、离职问卷，到退休金、退休年金、退休健保等巨细无遗；一张离职列表，详细列出所有项目负责人的姓名、电话；每两周开一次的进度报告，让我切身见识到宝洁对即将退休的老员工，仍是如此的尊重与尊敬。

多年来我经手近百次招募迎新、荣退送旧工作，深知宝洁对所有面试者都是如此礼遇，对所有新进人员都是如此尊重，即使对即将下岗的员工也都是如此尊敬。由此就不难理解，宝洁是多么看重在职人才的培育，如何以积极审慎的态度切实做好树人的工作，因为宝洁清楚地知道，企业开创千秋大业的关键，就是人才。

这里是人才最佳的孵化器

人才不是天生的，就像植树一样，就算有一粒好的种子，还要在养分充裕的土壤里细心用心地照顾，并经历风吹雨打日晒，才能成材茁壮、开花结果。能进入宝洁这样的跨国企业，可说都是一粒好种子、一棵好苗子。从进入团队的第一天，他就会很有感受，宝洁一方面提供的是不断的挑战与试炼，另一方面提供的是克服挑战的利器与训练，这样的环境就成为培养、淬炼人才的最佳孵化器。

这里所说的人才，是指领导人才、技工人才、管理人才、专业人才、创新研发人才等等，因为跨国企业够大，需要各式各样的人才。

宝洁公司对一流人才的养成是非常有自信的，也是世界公认的。譬如由 Hay Group 于 2014 年公布的“全球最佳领导养成公司”，宝洁就拔得头筹、名列第一①。在 2016 年，*Chief Executive*

① Consultancy United Kingdom, Hay Group:“20 Best Global Companies for Leadership”, consultancy.uk, November 12, 2014.

Magazine 选出全球“最佳领袖培育公司”，宝洁排名第九①。另外，全美女性高管协会(National Association for Female Executives)每年选出“推动女性领导最佳公司”，宝洁已连续 18 年入选前 10 名②。

宝洁培育优秀人才的名声远播，许多离开宝洁的人因有这段磨炼，就像镀了层金，在就业市场上非常抢手。除了绪论中提过宝洁公司为中国企业界在精英人才的培养上做出卓越贡献，赢得“中国企业界的黄埔军校”美名之外，在世界各地宝洁校友会(P&G Alumni Network)的名单中，大名鼎鼎、重量级的全球商业领袖可以说是不胜枚举。在微软、波音、可口可乐、通用电气、联合利华、高露洁等许多跨国企业，担任要职的前宝洁人比比皆是；在亚洲大中华地区、日本、韩国的本土企业，担任要职的宝洁校友也不在少数。外界对宝洁素有“人才输出的重镇”，或“人才培养的摇篮”之称，虽感觉有点楚材晋用的讽刺，但这也是宝洁积极培育人才，板凳深度够深的另类实证。

那么宝洁公司到底是如何积极培育人才的呢？主要是秉持着以下几个重要的具体做法(图 2-1)：(1)海选天下英才；(2)内部培养(Grow-within)、内部晋升(Promote-from-within)是坚持也是信念；(3)培训与挑战双管齐下；(4)自由换岗，只要你是人才；(5)重金打造福利，留住人才。宝洁认为企业最好的投资，就是投资在自

① Whylly, Lynn Russo: “Chief Executive Magazine Announces its 2016 Best Companies for Leaders”, Chief Executive Magazine, January 27, 2016.

② Market Watch: “National Association for Female Executives Names 2019 ‘Top 70 Companies for Executive Women’”, marketeatch.com, March 5, 2019.

家人才的培育上，有源源不绝的可用之才，才能让企业飞高走远、可持续经营。

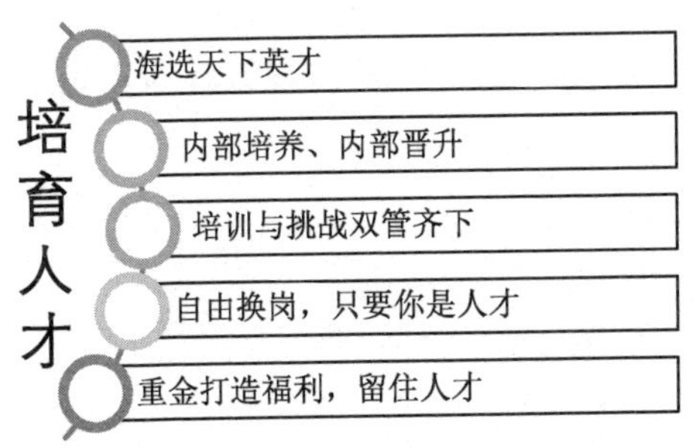

图 2-1　宝洁公司培育人才的具体做法

海选天下英才

宝洁公司在全球 70 多个国家或地区设有营运分公司，产品营销世界 180 多个国家，这样的世界顶级跨国企业，就必须能“聚天下英才而用之”。宝洁求才有一个基本信念，就是“寻找未来在企业胜任成功的人”，这样的人才其个人价值与公司价值是相互契合、密切兼容的。因此，回顾一下前一章企业文化所提及的宝洁公司价值观，就自然可知宝洁一直若渴般地积极寻找诚实正直、值得信任，拥有优秀领导力及强烈主人翁精神，并对获胜充满热情的人才。能成功获得宝洁公司工作机会的候选人，常具有以下共同特质：“领导能力、创造力、解决问题的能力、出色的沟通技巧、设定具体目标和达成任务的能力，与他人有效合作，同时展示高标准的诚信正直。”

然而人才不会从天上掉下来，要培养优秀人才，先要找到好苗子。宝洁90%以上的员工来自校园招聘，所以校园招募工作一般会提前到毕业生择业之前，甚至更早开始，例如由当地分公司举办宝洁暑假实习、夏令营、大学人才储备库等活动，以确保在全球人才竞争中抢到好苗子；特别是暑假实习，如果学员表现优异，往往就是进入宝洁的绝佳跳板。

每年宝洁公司也会到全球各地顶尖大学直接海选优秀人才，延揽世界精英(图2-2)。因为名声在外，据统计每年全球大约有100万人申请宝洁的工作，但录取率却低得离谱，堪称比进入哈佛大学还难。

由于应聘者太多，因此宝洁自定了一套人才招聘三部曲①，以确保招进的新鲜血液是未来可造之才，并且能适应宝洁的强势企业文化，日后工作顺遂成功。所以，招聘过程中希望应聘者能充分了解："宝洁是什么样的公司？""有哪些产品？""对员工有什么期望？""宝洁的核心价值是什么？"

这样不仅是宝洁在挑选人才，同时也是人才在挑选宝洁，进入公司后，才不至于"水土不服"。

第一步是网站申请。这一步比较简单，只要上网填写个人资料、学历、履历，以及回答一些基本问题。虽说简单，但应聘者也不能完全掉以轻心，尤其要在履历上认真下点功夫。我建议至少要掌握三个技巧：

(1) 巧思设计一下格式，让它一眼看去就很有专业感。

---

① Procter and Gamble，https://www.pgcareers.com.

图 2-2　宝洁 2020 校园招聘海报

(2) 开头先来一段摘要声明,简洁描述自己的专业资格、竞争优势,以及对这份工作的向往热情。

(3) 以强调但不过分张扬的方式,详述与这份工作有关的实务经验与关键成果。

总之,就是要写得到位、吸引眼球,最好让读你履历的人在一瞥之间就能"一见钟情",进而在众多应聘者中脱颖而出。

第二步是评估。这一步主要是要了解应聘者是否具有宝洁所需要的工作技能。这部分基本上有三项评估:

(1) 在线高绩效评估(Peak Performance Assessment):主要是了解应聘者的背景、经验、兴趣和工作态度,审核能否在未来工作上表现称职。所谓高绩效评估是在认同宝洁 PVP 文化的基础上,评估六项成功要素:勇于领导(Lead with Courage),卓越生产力(Champion Productivity),尽力而为(Bring out Our Best),创新成长(Innovate for Growth),优秀执行力(Execute with Excellence),及积极求胜(Win)。日后如能进入宝洁公司,这些要素也是每年内部评估个人表现的依据标准(图 2-3)。

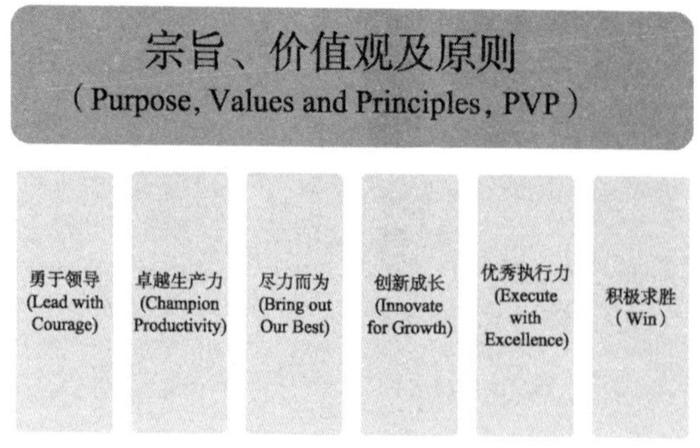

图 2-3 宝洁高绩效评估的六项要素

(2) 在线推理筛选测试(On-Line Reasoning Screen):主要是测试应聘者的分析归纳能力及思维反应灵活度,在复杂多变的工作环境下能否解决问题。

(3) 现场推理测试(In-Person Reasoning Test):此测试通常在校园内进行,或为最终面试的一部分。该测试使用数字、逻辑、图形推理问题来衡量应聘者的推理技巧。同样是评估应聘者在时时不断的挑战下是否仍可从容胜任。据说网上可找到一些参考测试题,虽然是题外话,但有心人不妨一试。

第三步是面试。能进入第三步的面试阶段,就表示评估已通过。面试通常分初步面试与最终面试两轮进行,初步面试一般由人事部负责,主要是考察应聘者的个人性格和行为方式是否与宝洁公司文化有良好的契合度,先做首轮筛选。

通过了初步面试,就进入最终面试,这一阶段通常由雇用部门的三位资深经理——一对一或三对一——做深度面谈。面谈的内容主要是先由应聘者做自我介绍,然后经由履历中所提的经历为实例,询问当时是以什么样的方式解决问题,进而了解应聘者的团队精神、合群度、解决问题的能力、领导能力、自我学习态度等等;当然也会深入了解应聘者的专业知识、国际观、英文沟通能力,以及再次确定个人性格和行为方式是否与宝洁公司文化契合。

面试时询问的问题,多取自人事部门提供的问题题库,或由面试官随机提出。其中一些最具代表性的经典之问,就是在网络上广为流传的"宝洁八大问":

(1) 举例说明你如何制定了一个很高的目标,并且最终实现了它。(Describe an instance where you set your sights on a high/demanding goal and saw it through completion.)

(2) 请举例说明你在一项团队活动中如何采取主动性，并且起到领导者的作用，最终获得你所希望的结果。(Summarize a situation where you took the initiative to get others going on an important task or issue and played a leading role to achieve the results you wanted.)

(3) 请详细描述一个情景，在这个情景中你必须收集相关信息，划定关键点，并且决定依照哪些步骤才能够达到所期望的结果。(Describe a situation where you had to seek out relevant information, define key issues and decide on which steps to take to get the desired results.)

(4) 举例说明你是怎样用事实促使他人与你达成一致意见的。(Describe an instance where you made effective use of facts to secure the agreement of others.)

(5) 举例证明你可以和他人合作，共同实现一个重要目标。(Give an example of how you worked effectively with people to accomplish an important result.)

(6) 举例证明你的一个创意曾经对一个项目的成功起到至关重要的作用。(Describe a creative/innovative idea that you produced which led to a significant contribution to the success of an activity or project.)

(7) 请举例你是怎样评估一种情况，并将注意力集中在关键问题的解决。(Provide an example of how you assessed a situation and achieved good results by focusing on the most important priorities.)

(8) 举例说明你怎样获得一种技能,并将其转化为实践。(Provide an example of how you acquired technical skills and converted them to practical application.)

当候选人依据问题陈述过去的亲身经历时,三位面试官会详细记录回答的重点,对应图 2-3 高绩效评估所列的六项要素,比照人事部门事先提供的等级标准作量化评比,决定是否录用。

关于面试,我有以下几点过来人的衷心建议:

(1) 先做好功课,事先花点时间至少了解一下宝洁的产品、企业文化、当地营运信息、相关专业动态、宝洁八大问及如何回答等,起码要让人认为你不是散弹打飞鸟,看得出来你是有心人。

(2) 清楚阐述一二个舍我其谁的原因,这代表你对这份工作的自信及热情,毕竟最终的关键问题是"为何宝洁要选你,而不是其他人"。

(3) 认真听清楚问题,实问实答,切忌拐弯抹角、浮夸吹嘘。请记住,面试你的宝洁人都是个中高手。

(4) 准备一些专业、组织管理、人事福利等相关问题。主动提问、问对问题,尤其是具有建设性的问题,常常有加分效果。

应聘者通过了最终面试后就会被正式录取,但这并不表示就能百分之百成为宝洁的正式员工,一般还需要通过三个月的试用期,如果表现良好,才能正式成为宝洁人。

20 多年来,我参与了不下百次面试,主导招聘近百位新人,深刻感受到宝洁公司高度重视人才延揽。例如资深经理或主管,自己必须先通过特别训练,才有资格正式成为面试官。例如当地的高级主管,一定会亲临校园招聘宣讲会,与应聘同学零距离直接交流,分享个人在宝洁的酸甜苦辣。例如最终面试后,所有面试官都要提出各项评分结果,相互对比、激烈讨论,才会做出最后决定。

如此积极且审慎的三部曲招募方式还真是管用,因为宝洁内部数据证明,招聘到合适人才的成功率超过意料之外。

内部培养、内部晋升,是坚持也是信念

人才培育与领导接班,其实是一体两面同一件事,如果企业没有完整的人才培育计划,就会出现人才断层,青黄不接的现象。在人才培育上,宝洁公司秉持的理念是内部培养、内部晋升,换句话说就是少挖人、多培养人,如同阿里巴巴创始人马云说过的一段关于人才招募的话:“在其他地方生长的最密集的树木最有可能在移动时死亡。我们需要的是一棵青树,一棵有耕种潜力的树,它们可以让我们成为一片森林。”这可以说是宝洁用人制度的核心,也是宝洁不同于其他主要竞争对手,能享有人才源源不断的主要原因。

宝洁的中高层领导人或专业人才,几乎都是从基层做起,一步步由内部培育出来的,除非有特殊需要,极少是从外部招募空降的。我在宝洁工作了 20 多年,所有直属上司清一色都是内部培养

提升的。企业内部有一句名言是“在宝洁，任何人的工作都是可以被取代的”，就是因为宝洁内部人才培育计划完整，用“人才济济”形容也不为过。宝洁公司在180多年的历史中，共经历过12位全球总裁，毫无例外全部是由内部养成晋升的。

每个企业的文化性差异相当大，从外部征选的领导，常常会因为文化或专业上的不适应，因而无法充分或适时施展才能。如前一章提过宝洁的文化是以PVP为中心，加上美商企业的通性文化，任何领导人必须彻底了解它、接受它，并且身体力行，否则难以带动整个团队，这对外来空降的领导来说挑战十足。

另外，宝洁分工细密、组织复杂，领导人除了能力强、有人格魅力外，还必须非常娴熟地驾驭公司的运作方式，才能有效地与各个部门分工合作，进而提高工作效能。从基层干起的宝洁人，在这方面就会比较靠谱，因为他已经了解习惯这种多元的作业方式，不需要过渡期的训练就可直接走马上任。

2019年2月初农历新年期间台湾华航飞行员罢工，让“官派领导人问题”浮上台面，讨论得沸沸扬扬。当企业重要领导人如董事长、总经理是以暗箱操作、利益交换的方式安插指派，那么对整个企业而言绝对弊大于利。

宝洁积极提早发掘人才，建立顶级人才培养名单（Top Talent Development List），这是内部晋升制度成功的主要原因。要成为顶级人才培养名单中的一员，就必须：（1）表现优异（High Performance）；（2）展现高潜力（High Potential）。表现优异，就是指在业务或组织成长工作上表现优异、考核突出，这是最基本的要求;展现高潜力则比较难定义,在宝洁就是要展现“晋升两级职位,仍成功胜任的潜能”。

一般人都会以为工作业绩考核好,就意味着有高潜力。其实不然,现在表现好,不表示能成功担任更高职位的工作。宝洁的领导者依据学习敏捷力、战略和执行的敏捷性,影响能力、情绪智商等项目,对持续表现优异的人再进一步严格评估其潜力。在宝洁,许多表现不错的员工一直停滞在原职位,得不到晋升的机会。其中他们无法展现高潜力,常常是最重要的原因。

被列入顶级人才培养名单后,单位主管会提供各种不同的挑战工作和培训课程,比如跨部门换岗、做小团队的领导、送往海外长期培训、参加内外部中短期密集培训等,有计划地由内部提早栽培优秀人才,并快速提拔优秀人才,使之成为接班团队中的一员。一个成功的宝洁人不仅要战功彪炳,展现高人一等的潜力,还肩负一项不可推卸的责任,就是要成功培养可担重任的接班人。所以不论是当地提升的领导,或外调来的国际经理,最好早早就准备好接班人的口袋名单,因为在部门的各级领导会议上,一定会被问到:“谁是你的接班人?”“接班人培养好了吗?”“如果还没培养好,培训计划是什么?”“需要什么协助?”“大约在何时可完成?”

在宝洁,培养好接班人是重要的考核成绩之一,所以只要是可造之才,就不断会有获得提拔,给予表现才华的舞台。如此绵延不断的接班人体系,同时也解决了企业传承不易的难题。

宝洁内部有个数据,优秀领导人由内部培养的成功率高达

80%，这远胜于由体制外挑选的50%成功率①。毕竟选错领导人后，企业所付出的惨痛代价远大于由内部培养所作的所有投资。内部培养、内部晋升，也让人才更有归属感，在与企业一起成长的同时，进而凝聚更大的向心力。

培训与挑战双管齐下

那么宝洁到底是如何落实内部培养的呢？简单地说就是不断培训，不断挑战，混合运用、双管齐下的积极做法。

培训是人才的磨刀石

进入宝洁公司的第一天开始，新人就会由一位直属指导经理（Training Supervisor）以一对一的方式直接带领培训。直属指导经理会递上一份新进人员上手计划（On-boarding Program），这份计划除了安排参加人事部门一系列的如企业文化、组织、福利、考核升迁制度等解说会议，及基本专业训练课程外，还会交付一项专业特训项目（Training Project）。

上手计划内会清楚地告诉新进人员每一阶段的训练课程，及专业特训项目的期望进度，一般上手计划期是一年，也就是说进入公司一年后必须能完全上手、独立作业。在宝洁，培育新进人员当然也是重要的考核业绩之一，担任新进人员的直属指导经理，是责

① 北京大学汇丰商学院跨国公司研究项目组：《与中国一起成长：宝洁公司在华20年》，北京大学出版社，2009年4月1日.

任也是肯定,能培训带好菜鸟成为熟手,常常是晋升的必经之路。

除了直属指导经理,另一特色就是导师(mentor)制度。不同于直属指导经理。导师通常是来自其他团队的资深经理。导师制度让新手在遇到困难时,有人可商谈、倾吐,而不需顾忌任何从属关系。新进人员进入宝洁后,绝对会遇上许多人与事上的困惑与问题,而这些都是导师曾经亲身经历过的,导师以过来人的身份,在信任的基础上加以指点或扶持,让问题在和谐互信的气氛下得到解决。在宝洁公司 20 多年中,我曾做过几十位新进人员的导师,如今他们在宝洁多已成为中坚分子,有些甚至在企业内身居要职,回想起来倒也欣慰骄傲。

事实上各部门依专业的不同,建立了不同的培训体系,许多部门的培训内容就像大学修课一样,称之为“部门大学”。当新进人员逐渐练好基本功之后,就可依自身背景及需要,自由选择由同部门资深前辈所提供的核心专业课程训练。这些课程多是前辈们历年来累积的心血秘籍,一堂远程或课堂培训后,常让人有“听君一席话,胜读十年书”的快感。对能列入部门大学教授、传授核心专业课程的资深前辈而言,这也是一种至高的荣誉,代表自己已成为公司内在这项专业上的第一把手。将多年经验无私地教给新进人员,这也是教学相长精神的极致表现。

另外值得一提的是直言回馈(blunt feedback)。一个及时、有事实根据、有建设性的回馈,是个人学习成长中最有力的推进器。在宝洁这是每个经理的必学之技,公司在各种场合,会不断强调要不吝针砭、无畏地提出反馈,同时要有接受反馈的雅量。我在宝洁

20多年的工作生涯中，觉得获益匪浅、成长最多的时刻，就是听到发自内心、言之有物的诚恳反馈；同时，最有成就感的时刻，就是能给下属、同僚甚至上级，提出建设性的反馈，见到对方欣然接受进而改进的成果。直言提出反馈不是吐槽、不是伤人、不是算计，在宝洁是一件很自然、不做作、就事论事的事，也是每个人不可推卸的义务与责任。

在宝洁有个硬道理——“不怕你想学，就怕你不学”，左邻右舍高手如云，会让你觉得似乎天天都有新的东西要学，不时会收到来自四面八方360度的直言反馈。当你周遭同事都很向上提升，你就自然会有压力，会想求突破、想往前飞，而不会想混水摸鱼、向下沉沦。如此四处皆学习的公司，对有学力的人才而言无疑是增加竞争力的绝佳环境。

随着职位的升迁，就会有相应的管理能力培训“学校”，让各层级的经理能有效掌握所需的领导统御能力。例如研发创新部就设有“资深科学家学校”“首席科学家学校”“总监、副总监学校”等。例如市场部设有“助理品牌经理学校”“品牌经理学校”等。这种短期的隔离培训，都是由高层资深经理与人事部门根据不同层级人员的需要，而精心设计、筹划、准备的第一手管理实战课程。尤其对初为管理干部的菜鸟，这样密集式的培训对克服管理上的心理障碍，及管理技巧的上手掌握有莫大的帮助。

除了各“部门大学”核心专业课程的教授，及各级管理学校的培训外，跨部门基本知识传授，例如财务、统计、品管、专利申请等学习课程各式各样、应有尽有。根据实际需要，也常有送派海外的长期培训,或参加外部的中短期密集训练。

宝洁对于员工的培训多是按照每个员工的需求个别量身定制的,一般秉持着 70∶20∶10 的原则,就是 70%的学习来自工作经验的累积,强调工作上的学习,鼓励尝试新的工作挑战;20%来自同事和导师,剩下 10%则是从专业课程和资料数据研读而来。由于每个员工的经验、背景和技能都不同,将培训发展计划(Development Plan)个人化是其中的一大特色,通常每半年要和直属上级讨论并确定个人的培训发展计划。宝洁如此不断地培训员工,因为深深了解“员工培训是企业风险最小、收益最大的战略性投资”,了解员工的成长就是企业的成长。

挑战是人才的试金石

不断培训并不能保证造就出优秀的人才,积极地培育人才,就是除了不断培训外,还要不断给予挑战。挑战就是人才的试金石,每画一条石纹,就是一次锻练,就立即可以看出人才的“黄金成色”到底有几斤几两。在宝洁公司工作,至少要不断面对三种挑战。

第一个是英语沟通能力的挑战。宝洁是国际跨国企业,公用语是英语,英语说、写、读、听能力要求是高规格的。如何以“溜到爆”的英文,适时简要地表达甚至据理力争至关重要。在宝洁,英语沟通能力的挑战天天都在上演,在会议中、在报告里、在演讲时,甚至在电梯内;在宝洁工作,从第一天开始,这个英文挑战就会寸步不离地缠上,虽然来自英语系国家的同仁有先天的优势,但终究谁也躲不开、闪不掉。当然宝洁也不会放手不管,例如在日本,入职后就立刻有英文加强集训，随着员工英文能力逐渐提升，公司就会安排英语水平评估（English Proficiency Assessment，EPA），然后依评估等级进行一对一辅导。职位越高，要求等级就越高，甚至列入晋升的重要参考。如果自己的英文能力一直是“扶不起的阿斗”，即使其他条件均优，在宝洁公司的这条事业线要成为“胜利组”的一员，也会走得格外辛苦。

第二个是企业文化认同的挑战。宝洁的企业文化是一种强势文化，在本书第一章已有详细的说明解析，不管你喜不喜欢，也是从第一天开始，这个文化挑战几乎24小时如影随形。它与你成长的母文化也许不同，甚至格格不入，但在宝洁工作，对不起！这挑战谁也避不开。所以从申请应聘到宝洁工作、面试，到入职新进人员培训，到重要集会、活动，对有特性的PVP文化及普遍性的美商文化，由相识、了解到结合，到成为日常生活的习惯，是一种渐进的方式，习惯后就不会把PVP当作是很特别的事，而是成为生活的一部分。宝洁的企业文化有时强到连你自己都无法想象，潜移默化中，行为、思考方式都在不自觉中深深受到影响，成为行为与决策的一把尺；许多人即使已经离职或退休多年，仍会以宝洁人自居、以宝洁人为荣为傲。

第三个是自我工作绩效的挑战。每年宝洁对每位员工都会进行考核业绩评比（Rating），考核业绩评比是针对员工一年来的工作表现，给予三等级的评分。考核评比是加薪、晋升的重要指标，表现特别优异的员工一般在10%左右，他们除了“薪情”好之外，也会是各种奖金、奖励的常客。在宝洁人才济济的情况下，要持续保持考核优等是不小的挑战。

同样地,表现不佳的——如在第一章提到——每年通常设定为全公司人员的5%左右,会先给予警告,并要求制订六个月的详细改进计划,若到时没有改善,宝洁对不适者的淘汰也是毫不留情的,企业自然也会利用这个契机补充新鲜血液。总之,在宝洁这样的跨国企业里,讲究的是实力主义,不断强调个人成长、不断挑战工作绩效,铁饭碗这个名词是不存在的。

除了业绩考核的挑战外,每年宝洁还会要求每位员工完成名为“五大石(5 Rocks)”的工作计划。顾名思义就是要求提出个人至多五项年度最重要的业务成长(build the business)或组织成长(build the organization)的工作计划,其中包括:如何完成计划?计划的重要里程碑是什么?然后和直属经理共同讨论、达成共识,最后签署完成。

好的“五大石”工作计划会直接与公司或部门的年度工作重点接轨,是员工取得优异工作表现的第一步,通常其中至少有一二项具有高度的挑战性,是不易完成的项目,这一方面激发潜能,另一方面试探人才潜能的底线,以挑战、试炼来启发人才,以启发人才来克服挑战,一举两得。当然,这时候也是员工向直属上司提出包括培训或增加人力、财力资源要求的最好时机。

新人进入宝洁后,就必须不断地在工作计划上自我挑战、在工作绩效上力求表现,否则年度评比“吊车尾”,就有被请走的可能。如果不想提早“毕业”,不用等上司鞭策,自己就会自动鞭策自己,在年度工作计划上不断迎接挑战,为自己创造最佳的表演舞台,这也是避免被淘汰的不二法门。

自由换岗，只要你是人才

在第一章中提过，宝洁内部有全球工作机会讯息网页（Open Job Posting，OJP）。任何单位如有出缺，主管就会在OJP平台先注册求才讯息，公司全球员工都可自由申请，只要提供工作的单位愿意接收，就可换岗到新单位工作。这是宝洁尊重个人意愿，鼓励员工在职场生涯上努力“做自我”的具体做法。

我就曾经通过OJP两次换岗，第一次是因为看到分析部门在OJP平台上发布招聘单位主管的信息，觉得是能晋升职位的好机会，工作内容蛮吸引人，也很有挑战性，于是决定换个跑道试试，经过几次内部面试后，就顺利换到新的岗位走马上任。我在分析部门愉快地待了几年，也顺利晋升到主管职位，但因为对上游研发创新工作仍念念不忘，恰巧又在OJP平台上看到护发部门正在招研发主管，于是通过OJP系统提出申请之后，又顺利换了工作。

我还曾借由OJP，帮一位优秀的泰国同仁达成返乡心愿，顺利地从日本调回母国；并且协助多位有理想的新进人员，顺利地从中国台湾和香港、印度、菲律宾等地，调往他们心仪的新加坡任职。人才会倦怠、思乡，不想被固定套牢在一个地方，会想到国外闯闯，如果顺利换个岗，完成心愿、心情好，有时更能发挥所长。我也曾多次在需要招人的时候，通过OJP渠道，顺利地在公司内部找到干练的队友。OJP的设计，无疑提高了企业人才流动的自由度，给予员工自我激励的机会，也是宝洁对人才更细腻、更人性化照顾的典范。

重金打造福利，留住人才

几年前《英国牛津经济研究院 2021 全球人才报告(*Global Talent* 2021, Oxford Economics)》指出，到 2021 年台湾人才外流比例将达到世界第一①。造成台湾人才“出走潮”的最大原因，据调查就是薪资环境低落。

宝洁公司在薪资上一直是以高标准自许，尤其是新进人员，只要表现不差，就会自动逐年加薪。虽然对年轻人重要的是成长、学习机会，但所有的跨国企业都心知肚明，要留住人才，只是精神方面的“画大饼、谈远景”，终究抵不过实质上的“好薪情”，“薪情不好、人才必跑”其实是铁律。但薪水不错仍不足以留住人才，因为人力公司早已瞄准宝洁人，高薪挖角的戏码不时在上演。

为了降低楚材晋用的概率，宝洁除了不断培训、不断挑战，提供绝佳的成长环境，让人才有成就感之外，就是在高薪外用重金打造福利，让人才更有归属感、向心力，更安心地为宝洁效力。

留住人才的最佳福利法宝，莫过于赠股、配股、分红及提供优惠购买公司股票，让人才成为“股东”。对一般员工而言，其中尤以“长期定期定额”购买公司股票最为实惠，堪称“福利之王”。除了员工购买时给予补贴优惠外，如在本书绪论所提及，自 1891 年以来，宝洁已连续 129 年支付股息，并连续 63 年增加股息，2019 年

---

① Oxford Economics:“Global Talent 2021 - How the new geography of talent will transform human resource strategies”, https://www.oxfordeconomics.com/Media/Default/Thought%20Leadership/global-talent - 2021.pdf, 2012.

度的股息已达每股 2.983 6 美元。因为企业历史悠久，盈利能力稳定，配息年复一年增加，宝洁公司的股票多年来一直被评为全美“最佳股息股票（best dividend stocks）”之一。宝洁股票 40 年来约涨了 50 倍、30 年来约涨了 16 倍、20 年来约涨了 2.6 倍、10 年来约涨了 2 倍。当员工随着年资的增长，累积了一定数量的宝洁蓝筹股票，股价上涨几块加上配息的账面收益就超过数月的月薪时，非不得已又有多少人会贸然离职？我所认识的宝洁退休员工当中，因公司这项福利，几乎没有例外，此刻都口袋满满、笑逐颜开。

如果有机会外派，除了可扩大视野，深度认识新国度外，住宿有房屋补贴、小孩上学有学费津贴、学语言有语言学习补助、返家有全家机票补助、日常生活有专有翻译等，福利真是好得令人“乐不思蜀”、很有幸福感的。

所有员工出差时当然食、住、行都由公司一手包办，但重点是如果飞行超过规定的小时数，一律坐商务舱。舒适、设施完善、地点好、交通便利的工作环境自然也是福利之一。平时上班每天有交通补助、买房子有低利率贷款保证、离职退休金、员工活动、健保年金补贴等，福利五花八门，因地因职位而异，但为了要留住人才，宝洁的确毫不马虎，不惜砸重金全力以赴。

当然许多其他公司也都有类似的方法想留住人才，然而宝洁的福利制度就像它的企业文化那样，四平八稳、“公平、公正、公开”，该给的都会给得很到位。难怪我很少听到过有人抱怨福利不好、不公平，反倒是常常听到一些已离职的同事会酸溜溜地说：“还是宝洁福利好，人在福中要知福。”

结语

每一个企业都会宣称自己重视人才培育,但许多都遇到过人才短缺、到处挖角的困境,宝洁在人才培育上的特别之处,就是“不断培训、不断挑战”。宝洁前任全球总裁尼尔·麦克尔罗伊(Neil McElroy)曾这样说:“我们培养未来管理人才的工作,是年复一年地进行的,不论景气与否。要是不这样做,若干年后就会有断层,而我们承受不了断层。”①

人才养成不易,留住人才更要下功夫,除了具有竞争力的薪水、有吸引力的福利制度、自由的换岗平台外,就是要能提供人才不断成长、激发潜能及表现才能的挑战环境,一流的公司让员工学到东西、看到希望、有荣誉感,宝洁公司绝对是这方面的个中翘楚。宝洁目前在人才招募、培育和养成上,虽然表现得可圈可点,但这并表示会永远站在最高处,拥有且享受源源不竭的人才。事实上,吸引和留住顶尖人才,一直是国际跨国企业所公认的面临的最大商业挑战,宝洁当然也不会例外。展望未来,我认为,宝洁应在现有基础上更上一层楼,审慎思考并建构新的人才战略及管理方法,全盘规划人才供应链,以期在竞争激烈的就业市场上保持领先。例如建立专业人才库,与各地人力银行合作,提供员工更灵活的工作时间及远程工作方式,培养人工智能及数字化高端人才等。

---

① 北京大学汇丰商学院跨国公司研究项目组:《与中国一起成长:宝洁公司在华20年》,北京大学出版社,2009年4月1日.

“蜀中无大将，廖化做先锋”，这句话清楚地说明，王朝的崩塌与没有人才息息相关，企业当然也不例外。宝洁是世界级跨国企业，积极在全球招募人才、积极在内部培养人才、积极在内部晋升人才，因为许多重量级企业凋零的前车之鉴不远，人才出现短缺、断层常常就是企业短命的前兆，而开创并奠定企业千秋大业的关键，还是要靠人才。

第三章

精实研发创新

研发创新决定着企业能走多远走多久

研发与创新二者是一体两面，不能分割的。宝洁公司更是将创新融入例行研发中，让创新成为基本素养。宝洁研发团队的组织分工、职场生涯设计等方面，都反映出研发创新的核心在于无缝接轨消费者导向，并遵循有配套、全盘的前瞻计划，弹性运作。深入了解了宝洁研发创新的精锐实力，就不难理解宝洁公司能够长年走在业界尖端，成为创新产品排行榜上常胜将军的原因。

能走在尖端，靠的是研发创新的结实肌肉

一个成功的跨国企业能否长寿？这与它能否与时俱进，有没有不断创新且让消费者喜爱的优良产品息息相关。180 多年来，在强敌环伺、高度竞争的环境中，宝洁公司之所以能屹立不倒，其中一个很重要的因素就是一直有精实的研发创新团队为其后盾，产品不断推陈出新，才能成就今天的霸业。

要让不同国家或地区的消费者喜欢你的产品，并且持续购买你的产品，并非一件容易的事；不仅产品要符合不同消费者的需求，同时也要让消费者能明显感觉到使用后的功效，并知道为何宝洁产品优于其他品牌，如此消费者才会继续购买，成为忠实顾客。光有价钱合理的优良产品也还是不够的，因为其他的竞争对手早已虎视眈眈，不多时就会迎头赶上。因此，不断研发、向创新靠拢，并且勇于做先行者、领先潮流，才是企业长寿的王道。

记得有一次我参加宝洁日本研发干部训练，当时的全球总裁德克·雅格(Durk Jager)突然莅临会场加入大家的讨论，他热心地分享在公司一路走来的心路历程，其中包括他当初为什么极力主张在日本神户设立亚洲研发中心。他说："因为日本有最苛刻、挑剔、追求完美的消费大众。"他还强调："如果宝洁公司能满足日本消费者的需求，那就可满足全世界消费者的需求，而这个重大责任当然就在研发部门身上。"

宝洁在研发创新上，的确投资了大量的人力物力，因为宝洁深深知道研发创新决定了企业能走多远走多久。

多年来宝洁研发创新团队也不辱使命，产品获得过无数研发创新奖章，例如福布斯每年选出全球百大创新公司，宝洁公司就是百大里的常客①。芝加哥的一家专门研究消费者企业的公司 Information Resources, Inc.(IRI)每年会发表一份《新标杆产品榜单(*Annual New Product Pacesetters List*)》，列出前一年消费品业界推出的最成功的新创产品，在过去 20 年 IRI 发布的非食品类排行

① "The World's Most Innovative Companies 2018", Forbes, www.forbes.com, 2018.

榜中,宝洁总共有161款产品排在前25名,这个数目比宝洁的六大主要竞争对手的上榜产品全部加起来还要多。在2018年的报告中,宝洁公司仍占有前10名中的2项,宝洁汰渍洗衣球(Tide Pod)更被IRI评为十大后起新秀产品①。

另一家美国知名消费者研究公司Kantar TNS于2018年在全美31项产业类别中各选出一件最创新的代表产品,宝洁公司的产品就占了其中5项,并荣获产品创新最高荣誉的消费者投票奖②。除此之外,在2018年陶氏公司(Dow Company)举办的第30届杜邦产品包装创新奖中,宝洁是30年来唯一一家囊括了各个奖项的公司,包括钻石奖、钻石奖入围、金牌奖和银牌奖③。从以上所举的几个例子,就可看出宝洁在创新研发上的惊人实力。

宝洁公司能够年年赢得多项创新奖,在于企业上下对于研发部门的重视与强力支持。如在本书绪论中所提到的,宝洁每年的研发经费大约是19亿美元,占总年收入的2.9%左右。相较于其他国际同类日用消费品公司,宝洁要高出许多。例如联合利华(Unilever)大约是11亿美元,占其总收入的1.7%左右;金百利(Kimberley-Clark)大约是3亿美元,占其总收入的1.7%左右;高

---

① "New Product Pacesetters 2017", https://www.iriworldwide.com/en-CA/Insights/Publications/New-Product-Pacesetters-2017, April 2018.

② "P&G Dominates Product of the Year-Takes top spot in five categories", https://www.happi.com/contents/view_breaking-news/2018-02-09/pg-dominates-product-of-the-year/, February 9, 2018.

③ Reynolds, Matt: "Find out who won Dow's 2018 30th Awards for Packaging Innovation", https://www.packworld.com/article/find-out-who-won-dows-2018-30th-awards-packaging-innovation, September 12, 2018.

露洁(Colgate)大约是3亿美元,占其总收入的1.8%左右[①]。宝洁研发部门现约有6 700人,其中近1 000人拥有博士学位,并涵盖120多种不同的科学专业,这6 700人遍布在全球28个创新研发中心,在亚洲的4个中心因地缘关系,着重于研发适合亚洲消费者需求的产品。

有人说"创新是思想,而研发则是实践",其实两者是一体两面,不能分割的。的确,在宝洁公司正是如此,只是更进一步地将创新融入研发的程序中,让创新成为例行不断的规律。也就是通过完备的组织,研发新技术、新产品、新包装、新原料等,借此提供消费者更完美的生活。

研发创新无疑是宝洁最重要的核心竞争力,那么宝洁是如何精实其研发创新的呢?我主要分四点来说明:(1)一支精锐的研发雄兵;(2)先单后双,Y字形的职场轨道;(3)没错,创新跟着消费者走;(4)有配套,才是全盘的前瞻计划。以下让我们就这四个方面一一详细探讨。

一支精锐的研发雄兵

宝洁公司早在19世纪末,于1890年便建立了当时屈指可数,专为产品研发的一流实验室,一百多年来,研发部门一直是引领创新的火车头。如今6 000多人的宝洁研发团队,其特色就是组织

① "The 2018 Global Innovation 1000 Study", Strategy &, https://www.strategyand.pwc.com/gx/en/insights/innovation1000.html, 2018.

完备、精密分工及互动合作。这支雄兵里，主要有消费者研究、基础科技、配方科学、产品包装和制造流程等不同的专业。研发计划领导经理就像是交响乐团的总指挥，统筹整个产品开发的流程，带领这些不同领域的“达人”，从研发到生产上市，一同演奏出流畅动听的乐曲。

宝洁公司相信创新的原点在于对消费者的知心了解，明白他们的深层需求，而关键在于如何将“消费者所需(what's needed)”和“科技的可能性(what's possible)”连接起来。以往的经验证明，许多新产品的灵感源头，都是在消费者研究人员深入了解消费者的需要后得到启发，才迈出了研发创新的第一步。目前宝洁公司全球有超过1 500名员工从事这方面的研究[①]，此外，所有部门主管只要有机会，都会主动要求参与消费者研究，在第一线直接面对面、倾听消费者的心声，足见消费者研究在宝洁研发创新中的重要地位。

基础科技研究是研发的基石，坚实的上游基础研究让研发的大厦建立在坚固的磐石上，让满足消费者需要的科技的可能性大大提升。宝洁的基础研究涉猎广泛，从基因的鉴定和测序到环境风险评估，从仿真分子模型到表面活性剂，从高分子材料到酶化学等等，这些研究成果将应用或有助于未来产品的开发，回馈满足消费者的需要。

配方科学可以说是产品的精髓，对于产品的好坏，配方举足轻重。配方研究员就像魔术师一样，不断地寻找新的原料与新的组

① Procter and Gamble，http://www.pgscience.com/.

合方式，将不同的原材料依据配方科学神奇地调合在一起，以满足消费者五种感官上的需要。除此之外，配方研究员与消费者研究员更是必须紧密合作，时时改进配方，并确认新配方的稳定性、持久性、安全性、效率性和美观性。

与配方科学一样，产品包装的稳定性、持久性、安全性、效率性和美观性也是产品研发中重要的一环。包装部门不断地研究新的材料和时尚设计，不仅产品要方便使用、合乎人体工学、好拿好放、不会残留，还要让消费者看到产品时有耳目一新的感觉。当今环保意识抬头，如何使用可回收、可生物降解，或者可降低环境污染的包装材料，是目前宝洁公司全力面对的重要课题。

有了好的配方和包装，如何让产品在工厂量产？这就要仰赖负责制造流程的科学家。从实验室小规模的产品制作到工厂的大量生产，会面临许多技术上的挑战，并不是一件容易的事。原料何时添加？用什么样的机器？混合多久？温度如何控制？……有相当多的环节要注意，任何一个环节出了问题，整批产品就可能成废品。宝洁之所以能持续大量提供给全球消费者高质量的产品，他们功不可没。

除了以上所提的专业外，研发部另外还有分析、微生物、统计、法规安全、专利等分部，在创新研发过程中同样扮演着不可或缺的角色。宝洁研发部门分工精细，但专业间彼此息息相关，互动合作至关重要。

宝洁研发创新团队由研发计划领导经理负责统筹管理，确定以上提及的团队成员（包括消费者研究、配方科学、产品包装、制造流程、品管、法规安全、分析等不同的专业)彼此之间的沟通、制定计划的目标、掌管整个计划的进度(图 3-1)。唯有团队全体紧密合作,才能开发制造出让消费者满意的优良产品。

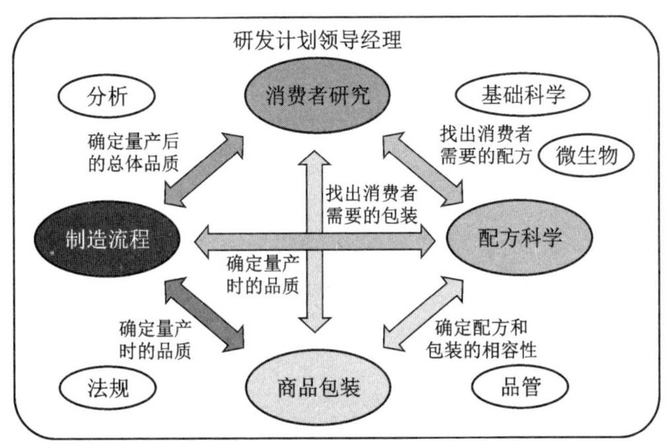

图 3-1 宝洁公司研发创新团队

除了团队内成员通力合作外,同品牌及不同品牌的所有研发创新团队之间做到互相密切沟通、学习、协助也至关重要。宝洁公司的许多新点子、新创意、新产品,就是在不同团队间的互动交流中诞生的,这方面绝对体现了宝洁够“大”,拥有研发“雄兵”的好处。

创新若只是靠内部研发,有时会面临视野不够广,速度也不够快的困境。鉴于此,宝洁公司也很注意外部现有的科技,鼓励大家“连接外部研发 (Connect & Develop, C & D)”。宝洁有许多产品就是经由 C & D 开发成功的,例如 Olay® Regenerist Eye Roller, Swiffer® Dusters, Mr. Clean® Magic Eraser 等,这种充分利用外部智慧的模式，为宝洁开启了另一扇非典型研发的便捷之窗。许多人不知宝洁公司也是专利大户，在全球共有 41 000 多件专利，还有 55 000 多件在申请中①。全球专利取得的数量，也是宝洁不断精实研发创新的另一佐证。

宝洁的这支研发雄兵，整体上来说是以相对保守稳健的方式运作的，也就是以现有业务为基础，遵循体制，有组织、有系统，不断研发创新来解决消费者的问题，改善消费者生活。据我的观察，就是依循“50% keep do，30% keep more，20% keep different”这种不躁进的做法：以一半的精力专注于现有产品研发，把基本业务做得更好；用 30%的力气投入已见曙光的项目，努力寻求突破盲点；投入 20%的力量在创新，大胆尝试、开辟新蓝海。多年来，宝洁这种稳中求进的研发创新方式一直表现亮丽。

宝洁公司家大业大，包括研发创新部在内，无可避免地也因为“大”而有负担；常常可以听到来自外界的“研发经费庞大、时间冗长、组织复杂”的强烈批评与质疑。甚至有人说：“宝洁是日用消费品公司，又不是高科技企业，应该大幅削减研发部门，一切外包就好了。”

其实宝洁的研发部门多年来包括经费和人员在内一直在精简中，组织一直在简化。但如何精简，精简到什么地步，这是依公司营运状况而定的投资报酬问题；如何简化，简化到什么地步，则是组织效率问题。然而，研发创新是宝洁公司的立业之根，是企业登高行远之本。我认为，宝洁一直拥抱“一支精锐研发雄兵”的决心，

① Procter and Gamble，http://www.pgscience.com/.

这是不容怀疑的。

先单后双,Y 字形的职场轨道

宝洁研发部门的职场体系(Career System)可用英文字母“Y”来形容,简单地说,进入公司后,由基层做起,先在“单轨制”下学习培养,一段时期后成为资深的熟手,就可依个人兴趣,在弹性的双轨制下,自由地选择以“技术(Technical)”或“管理(Managerial)”为自己今后的职业志向。这样的 Y 字形职场体系,让研发人才在学习培养期先充分了解自己,然后再选择自己在研发体系里要走的路。

如果选择走“技术”这条路,基本上就没有管人、管组织的责任,可专注加强在专业技术上的成长。这对研发部门是极具意义的,因为研究者得以在不被太多繁文缛节的干扰下全心培养提升“职人技”,在比较自由的空间下更能独立思考业务、激发创新灵感。宝洁公司有许许多多专业技术顶尖高手,在公司内是举足轻重的首席顾问,在公司外是一言九鼎的科技专家,内外都拥有崇高的学术专业地位。

如果选择走“管理”这条路,在已有的专业基础上,便可持续加强人事组织管理及领导统御能力,成为一流的研发管理人才。在双轨制下不管是走上技术还是管理之路,都如第二章中所提及,宝洁“不断培训、不断挑战”,积极培育人才的方式是不会变的。

有趣的是,人们对自己的认知,也许并不如想象中的那么高,当进入“管理”体系后，才知道“经费总是少，人事不好搞”的现实，认识到自己并不那么适合在管理圈；或当进入“技术”体系后，才明白“学海无涯苦作舟”的难熬，认识到自己并不那么适合在技术层。没关系，双轨制的职场体系尤其在初期，提供由“管理”转回“技术”，或由“技术”转回“管理”的双向弹性渠道，利用这个便利，换跑道的同事还不在少数。

可以确定的是，弹性的职场体系让研发人才依据兴趣自由地选择自己喜欢的路，更能适才适所、发挥所长，确实对企业的研发创新意义重大。

没错，创新跟着消费者走

在第一章“传承企业文化”中已提过，“美化世界各地消费者的生活”是宝洁公司的宗旨，简单地说就是凡事以消费者为主，消费者就是老板。产品不仅要符合消费者的需求，产品更要有质量保证、童叟无欺，尤其不做虚假的宣传广告，换言之，就是以诚信对待消费者。

所有研发创新都是以消费者为中心、消费者为导向，如前所述，借由深入的消费者研究，切实了解以下问题：消费者到底需要什么？消费者买产品的目的是什么？使用的习惯与过程是什么？有没有盲点、痛点？如何改善？

然后着手研发符合“价值”的产品。从配方、包装设计、实用性、美观性，到产品名称、功效宣称等，都要经过多次的消费者研究才定案。近年消费者研究更扩大利用大数据,线上线下智能化功能,快速地全面深化了解消费者的认知、兴趣、购买原因、复购率等,让研发方向更加明确。大企业如宝洁有庞大的消费群,拥有全球海量的信息,但关键是能不能做有效的分析,据我的观察,宝洁对大数据分析的运作越来越好。另外,宝洁有时也咨询"关键意见领袖(Key Opinion Leader,KOL)",作为改进产品的重要参考。

宝洁公司投入巨资用以了解消费者,为的就是实现企业的宗旨,要把最好的产品带给广大的消费大众。通过许多资深科学家来应对科技的变化和不同时代的需求,多年来不断改进了各种定性和定量的消费者研究方式。这是一门深奥且复杂的专业,这群科学家已成功地让"快而准"地了解消费者成为宝洁公司足以自豪的强项。

质量保证是消费者最基本的要求。在保证质量方面,从原料开始到最终产品,每一环节宝洁的研发部门都严格加以管控。所有原料除了必须是安全的、对人体无害之外,原料供货商还要提出协议书,证明原料符合所预定的物理、化学、微量元素的规范。每一批原料在使用前必须经过质量管理部的批准才能使用;不只产品原料,包装材料也要遵循同样的方式。另外,所有仪器和生产用机器,也都要定期检点校准才能使用。而最后的产品从外观、内容物和包装,须由质量部验证完全符合标准后,才能出厂送到消费者手中。整个过程虽然繁琐、严谨、耗时、费钱,但以消费者的立场而言,这些绝对是必要的。

对于产品功效的宣称,为了对消费者诚信负责,研发部门也是严格把关。所有的宣称一定要从三方面来验证：(1)有效原料本身的功效；(2)产品功效的实证数据；(3)消费者测试的结果。这些数据最后送交法规部门审查，确定符合各个国家的法规后才能印刷在包装上，放在广告营销上，在世界各地出售。如此严格的层层审核，代表着宝洁公司以诚信为先、顾客至上，对消费者的权益认真负责。

有一次我和一位已离开宝洁公司多年的同僚聊天，他刚转去一家日用消费品公司任高级主管。当谈到新工作时，这位老兄不断强调，他的新公司这几年都是以两位数以上的速度成长，最重要的原因就是新产品推出快，此外有一套又一套令人眩目耀眼的植入营销广告，不像宝洁公司那样内部审核严格、旷日费时等等。我问他："如何确定产品是安全的？""广告宣称是真的，有科学根据吗？"

他却不假思索地说："产品先上、大赚一笔，其他的事不那么重要，我认为至少有 10%的消费者永远是盲目的。"

这也许就是宝洁与许多公司大不相同的地方，其原因就在于：是真正以消费者为中心、为导向，还是以产品导向为主，在成本上打转，多赚钱为目的？研发时有没有严格把关？广告宣称内容有没有严格审核？

宝洁公司最近将 3 500 多项产品的原料公布在智能标签(Smart Label)网站和手机应用上，让消费者在购买宝洁产品前能清楚地了解产品的成分。宝洁也是第一个将女性卫生用品的详细资料放在这个网站上的企业。今日的消费者对产品原料的信息需求比以往更高,80%以上的消费者认为,了解个人或美容产品的原料是非常重要的①。研发部门将产品原料,以公开透明的方式主动告诉消费者,就是以消费者为中心、负责任的另一个具体表现。

有配套,才是全盘的前瞻计划

宝洁公司的产品主要可以分成十大类别,每一个类别都制订有短、中、长期全盘的前瞻研发创新计划;眼光放远、不以短期谋利为目的是计划的前提。短期计划在 1—3 年内可以完成,通常是对现有产品做小幅度的改变,比如更换香料,添加新的原料,或做新的功效宣称等。中期计划要 3—5 年完成,通常是重大配方或包装的改变。长期计划需要 5 年以上的时间才能完成,通常是创新突破的产品。

为何宝洁对产品要做如此全盘的规划?因为身为全世界家庭及个人日用消费品的龙头,美化消费者的生活是宝洁公司的宗旨,不断提供给消费者新的产品、新的选择,即使是小幅的改变,在新的氛围中,品牌才能维护鲜活的形象,吸引消费者"关爱的眼神",让品牌可持续经营。否则,如果不能持续推陈出新,就很容易被定位为"祖母级"的产品,难逃被打入冷宫的命运。引导消费者接受新的思维、尝试新鲜事物,生活自然就会变得更加多姿多彩。全盘

① Procter and Gamble:"P&G Brands Provide Clear, Accessible and Reliable Product Information in SmartLabel™", https://news.pg.com/press-release/pg-corporate-announcements/pg-brands-provide-clear-accessible-and-reliable-product-inf, May 21, 2018.

规划的另一个目的，就是在不断“维新”中确保产品一直走在时代的尖端，领先其他的竞争对手。

中、长期计划需要三年以上的时间，如何才能知道三年后需要开发哪种产品来符合消费者的需求呢？答案当然就在消费者身上，可通过消费者研究来获得以下问题的答案：消费者对市场上现有的产品有什么不满？有哪些需求现在的产品无法满足？

根据消费者研究的结果，寻找可以应用哪些科技，再按照科技的可应用性和成熟度，来决定几年后可完成研发。当然有时也可以逆向操作，因为科技在不断进步，有些崭新的科技可能已经存在，这时也可以研究如何将这些科技应用在消费产品上来满足消费者的需求。

一般来说，短、中、长期全盘的前瞻计划在配套下最好要达成一个良好的平衡，才能在合理的经费与时间下持续上市优良的新产品。大数据的数字化时代也缩短了研发周期①，尤其是短、中期计划，大数据所归纳的消费者信息常成为新品研发的加速器。

长期计划主要是研发创新、突破性产品的重大计划，可能要一切从零开始，一旦决定执行，就有“只许成功”的压力，除了风险高、成本巨大，更需要高度的研发自信与企业的强力支持来通过漫长的时间考验。大数据精准分析、正确预测消费者未来的需求，似乎有提高长期计划成功率的趋势。

然而长期重大计划的未知性很高，没人能保证一定获得成功，

---

① 陈赋明：《181岁的宝洁返老还童，听说用的是“阿里配方”》，电脑报，2019年1月11日.

因此必须经常重新评估计划的“可行性”,确保在合理的花费及时间下能够完成。重大研发计划负责人的责任重大,时时针对每一个计划的进展和花费作出适时的调整和决策,当发现不可行时,须实时停止计划,或执行配套的备用计划。但若是研发成功,将带给消费者生活上莫大的帮助,同时给企业带来巨大的胜利果实。历史上,宝洁公司研发创新的二合一洗发精、超强保护型卫生棉、去牙垢牙膏、人造纤维餐巾纸、含活性漂白剂洗衣粉、超薄纸尿片、洗衣球等等革命性新产品的成功上市,都是令人津津乐道的最好例证。

结语

《礼记·大学》有云“苟日新,日日新,又日新”,创新的动力来自不满足现状,但难就难在能否持续不断精进、日新又新。宝洁公司在许多人眼里,只是一个很会营销产品的跨国企业,并不那么与“研发创新”有直接的挂钩、联想。但当你深入了解了宝洁研发创新的组织与实力,宝洁投资研发创新的人力与物力,你就会豁然开朗,这样一个日用消费品跨国企业一直将创新融入研发的程序中,让创新成为例行不断的规律,难怪能一次又一次地推出革命性的新产品,难怪能长年走在业界尖端、领导潮流,难怪能成为创新产品排行榜上的常胜将军。

然而毋庸讳言,宝洁的研发部门分工太细,需要沟通协调的部门太多,在现在这个快速创新的时代,目前的研发周期就显得相对冗长。虽说多年来宝洁稳中求进,反复通过各种实验和消费者测试以确定制造出冠军产品，这种类似“慢工出细活”的研发方式表现不俗，然而随着数字化时代的来临，“变化太快、对手太多”，对未来唯一能确定的就是“不确定”。宝洁没有选择，必须要有新思维、新洞察，以更敏捷的程序，缩短研发周期，同时又持续提供给消费者所需要的冠军产品。宝洁最近在美国伊利诺大学研究园区成立了首家加速研发的“智能实验室(Smart Lab)”①。在本书第六章我们会提到，宝洁为加速创新，积极结合一些新创公司一起打拼，这些新的做法都是好的开始。

据我这些年在宝洁的观察，在研发创新上以下几方面是可以更加强的：(1)加速数据库和系统数字化进程，让数字化成为竞争优势。如此一来，将给予研发创新人员无穷的助力，帮助快速搜寻数据、解决技术瓶颈、寻找新的点子，重新应用前人的知识，避免重蹈覆辙、走冤枉路。(2)大数据分析精致化，并更广泛地应用建模(Modeling)和仿真(Simulation)。前文已提及，宝洁在大数据分析方面颇有心得，但绝对有必要把这个优势做到极致，充分利用宝洁全球拥有的庞大消费者测试和实验数据，建立各种模型，并利用这些模型来有效预测产品的成败，如此便能加快创新的脚步。而要能更上一层楼，最大限度地发挥大数据的效用，就需要积极培养建模和仿真方面的人才，让他们成为研发不可缺少的一部分。(3)积极应用市场上已有的新科技。近年来很多新上市的科技产品对于缩短研发周期是极有帮助的。例如，3D打印可以应用在包装上，快速选择最符合人体工学的瓶罐，或应用在选择面膜的构造和材

① Brunsman, Barrett J.:“P&G Opens Smart Lab to Speed Product R&D”, American City Business Journals, September 7, 2019.

料上，也可打印人工皮肤以便开展化妆品的研究等。又如，传感器的发展也很快，可用于加速配方筛选，或支持商品的功效宣称等。

研发创新的实现，靠的是企业上下的重视；研发创新的可持续，靠的是代代薪火的相传。预测未来最好的方法，就是创造未来。历任宝洁总裁都清楚知道“创新是宝洁的命脉(Innovation is P&G's lifeblood)”，而研发创新决定着企业能走多远走多久，研发创新是企业长寿的法宝，研发创新更加必须跟着潮流而进化。

第四章

完善危机管理

企业危机不是会不会发生，而是什么时候发生

危机管理一般分为危机前、危机中和危机后三个阶段。宝洁公司注重从组织、心理及行动上做好危机前的防范准备。危机无法避免，但这也是企业找到自身“罩门”，打破旧框框的最佳契机。危机的管理与处理，是企业免于危机灭顶的必修课。

这是一门时髦显学，更是一门必修课

2018 年 12 月 15 日看到一则《关键评论》的文章称：“知名药妆品牌强生(Johnson & Johnson)的股价今(15)日暴跌 10.4%，创下 16 年来最大单日跌幅，市值蒸发超过新台币 1 万亿元(约 2 200 亿元人民币)，而这与路透社披露强生蓄意隐匿旗下的知名产品婴儿爽身粉潜藏致癌物质石棉长达数十年有关……”[①]强生公司虽然发表声明，郑重否认并强烈批评报道不实，但媒体舆论报道已全

① 李秉芳：《遭爆隐匿爽身粉含致癌石绵 47 年，娇生市值蒸发逾兆元批报导不实》，关键时刻，www.thenewslens.com，December 15,2018.

球传出,强生公司声誉受到重创,恐怕比股价大跌2 200亿元人民币的损失还大。

在宝洁公司工作20多年的生涯中,我因为负责亚洲产品法规及安全业务,其间处理过几十次与产品有关的重大危机,它们多半与强生事件类似,是消费者因对产品或包装原料有安全疑虑而引起的危机。如2006年中国新华社报道宝洁SK－Ⅱ彩妆产品含极微量重金属,而导致两周内SK－Ⅱ在中国内地几乎全面停售,在中国港台及韩国70%的销售停滞,虽然后来风平浪静,应该是一场误会,SK－Ⅱ业务在一年之后也回稳,但整个事件及日后在亚洲发生的几件相似事件让我深深体会到,在今日互联网无远弗届的e时代,地球已是平的,信息已无国界,企业面对危机不是会不会发生的问题,而是什么时候发生的问题。

正如斯坦福大学商学院著名教授理查德·帕斯卡尔(Richard T. Pascale)说过的一句至理名言:“21世纪,没有危机感是最大的危机。”

理论上说企业愈大危机愈多。跨国企业如宝洁不是做好广告营销,把产品卖出去,避免营销财务上的危机,或者把研发做好,避免创新危机,或者把厂房生产线管理好,避免人为意外造成的供应危机,或者把福利做到位,避免员工不满、罢工造成的劳资问题,或者把品牌形象做好,避免品牌危机就高枕无忧了。跨国公司还需要特别注意区域性政治危机,国与国之间的贸易战危机,产品质量而衍生的信用公关危机,及气候变迁或火灾、地震造成的灾害危机等。宝洁公司身为相关产业的龙头及“模范生”,往往更是树大招风，外界不是用放大镜，而是用显微镜来检视这样的知名跨国公司，对于所有可能发生的危机，企业除了要戒慎恐惧，还是戒慎恐惧。

之前在本书绪论对宝洁公司发展史的简介中提及，1930 年，当时总裁威廉·库珀·波克特（William Cooper Procter）为了公司的可持续发展，勇敢决定“传贤不传子”，让家族经营走入历史。综观一些大型的华人家族企业，除了前面所举例的危机外，还常见一些私人绯闻造成的企业公关危机，或者族人争夺控股造成的企业经营分裂危机，最多的莫过于一旦第一代强人倒下后，再精密的传承计划也抵不过现实的人性，后人因财产继承问题内讧造成的企业经营危机。这样的新闻在现实社会中屡见不鲜，有的声败名裂、有的侥幸化险为夷，但无论如何在事件当中，都是经历了一个死去活来的过程，都对企业本身造成了莫大的伤害。人非圣贤，谁能无过，但是当整个企业的重心系于少数几人时，像这类危机，任何家族企业稍有不慎就很容易成为社交媒体及舆论的刀下祭品。

凡处理过企业危机的人都知道，最可怕的不是危机，而是不了解危机有多深、多久，找不到止损着力点才最令人毛骨悚然。所以平时就要盯着潜在危机，事前“分散风险、做好保险”，才不至于临时抱佛脚，跌入深不见底的危机深渊。一般我们将危机管理分成三个阶段：危机前（Precrisis）、危机中（Crisis）和危机后（Postcrisis）。既然危机的发生是必然的，那么任何一个企业就必须想好：(1)危机前如何预防危机的发生？(2)如何有效处理危机？(3)危机后如何做好善后，从危机中学习，把危机转为成长的养分？危机管理也俨然成为时髦的显学，任何企业想要长寿可持续，就不得不修好这门课。

危机管理的防火墙

180 多年来宝洁公司经历过内战、大火、经济萧条、世界大战、地震、金融海啸等大风大浪。然而,21 世纪的今天,一是全球消费者意识高涨,对企业尤其是跨国企业以更高的标准检视,二是信息已无国界,跨国企业树大招风,成为社交网络及新闻媒体的关注焦点,所以危机事件不仅数目增多,而且是推陈出新,变得更多样化、多元化。经过多次刻骨铭心的经验,宝洁充分了解危机管理是所有主管必修之课,并将它当作日常工作的一部分,以居安思危的中心思想进行管理。

学习和不安相处

宝洁公司依据企业组织,以经纬结构在全球商务单位(Global Business Units, GBU)及市场开发组织(Market Development Organizations,MDO)分别设立危机管理小组。GBU 以经线垂直方式负责所有品类品牌,MDO 以纬线水平方式负责所有区域国家。GBU 和 MDO 都常态地观察任何潜在的企业危机,并提出预警及消弭的方法。特别强调这是一个常态性的危机管理小组,与非常时期的危机处理小组截然不同。前者是针对潜在危机,进行管理、做出应对,是常态性的工作组识;后者是当危机发生时,临危受命第一线处理危机的团队。

危机管理小组由 GBU 或 MDO 主管来主持，在定期会议中，由各部门领导就自已主管的业务，对可能发生的潜在危机提出风险评估报告及处理办法。例如新的化妆品法规对产品的影响、中美关税问题对大中华区业务可能的冲击、新的劳工法对雇用派遣人员的影响等等。这么做的好处是：(1)全方位树立强烈的危机意识，并在危机萌芽期即采取对策，着手处理或缓解可能的冲击；(2)如果需要支持，就能马上得到决策者的反馈，决定要继续前进或转变方向；(3)如果不幸危机成真，也能够完全掌握事件议题，按照既定的 SOP 从容处理。

所以，基本上每位主管手中都有一份所负责品牌或区域相关的潜在危机列表，列表上会有详细的背景资料，详述危机对企业未来的影响与冲击，以及相应的对策，定期和潜在危机“约会”，学习和不安定相处。比如我当时在亚洲危机处理小组的工作，就是列出亚洲销售的产品在法规安全及质量上所有的潜在危机，并对所列的危机提出深入的分析报告及解决方案，定期向主管高层以红、黄、绿三色标示潜在危机的风险度，汇报现状，顺便提出支持需求。所有领导都不喜欢被蒙在鼓里，被突如其来的事件吓到，因此早点让他们介入状况，知道水可能有多深，是危机管理中重要的一环。

知道潜在危机在哪，问题就解决了一半

如何观察潜在危机呢？大多是根据消费者、批发商、卖场的投诉，公司相关部门会通过关键词搜寻、大数据软件搜索、顾问公司月(季)报、同业协会讨论、政府法规网站、国内外相关报道等方式进行。

其中尤以消费者投诉最为重要，消费者关系部门(Consumer Relations)每月会定期提供当月所有消费者投诉的综合报告，报告中的投诉频率及相关内容常常会揭露一些可能的潜在危机。所以对第一线客户投诉服务人员的训练一定要专业，尤其对与人体安全如误食、误用、皮肤过敏等，及公共安全如火灾、环境污染等相关的投诉，严格要求立即上报、立即处理；所谓星星之火可以燎原，危机的发生，常来自对小事件的疏忽。在宝洁公司，危机管理是所有主管日常工作的一部分。据我所知，有些主管甚至在早上开始上班的第一件事，就是细看前一日的客户投诉报告，非常关心处理方法及结果。

有些经验丰富的顾问公司对一些争议性议题了解深入，且提供大数据软件搜索服务，是当下掌握潜在危机的不错选项。同业协会的渠道也很重要，在危机事件上通常大家是坐在同一条船上，所以每月协会开会时交换的最新信息，也是发掘潜在危机的好地方。

在宝洁公司内部有一个很管用的机制，就是当发现有任何潜在危机的风吹草动，要立刻分享通报其他区域的工作伙伴，提醒戒备。我当时负责亚洲产品安全及法规事务，由美国及欧洲同事传来的信息尤其重要；这些风吹草动常常带来亚洲的下一个潜在危机。

最近几年，亚洲区域内的争议性议题也越来越有影响，例如印度尼西亚在数年前宣布要实行“清真认证 (Halal Certificates)”法规，规定市场上所有食品、药品、化妆品的原料都必须通过清真认证才能销售。要遵守这项法规,让数以万计的原料取得认证是一件超级艰巨的任务,且可能会牵动全球穆斯林消费者对食品、药品、化妆品的选择倾向。在印度尼西亚的公司同仁知道这个潜在危机的影响之巨,立即通报全球法规部门注意,并要求宝洁公司所有原料供货商开始全力准备。2019 年初印度尼西亚政府果然再度重申推动"清真认证"的决心①,虽然不知它对其他公司会造成什么冲击,但相信因宝洁公司提早准备,对宝洁的影响应该是很有限的。

在知道潜在的危机后,有一个相当实用,名为"目标、现实、选项、决行(Goal、Reality、Option、Way forward,GROW)"的应用模式,常常被宝洁危机管理团队用来高效找出潜在危机的相应管理之道。GROW 模式依照循序渐进的方式(图 4-1)。

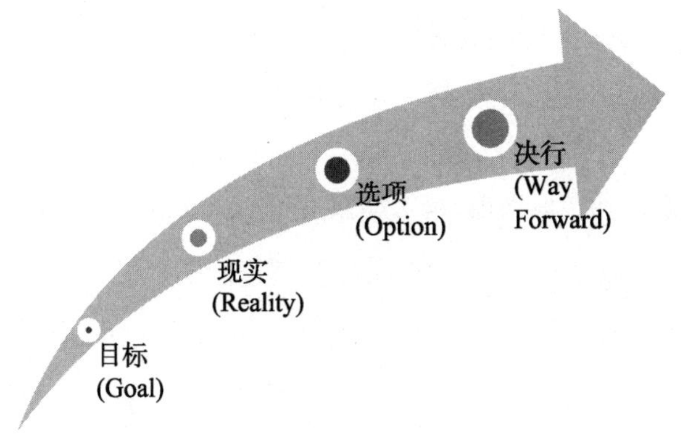

图 4-1 GROW 模式

① "Mandatory halal certificates to take effect this year, MUI reminds", The Jakarta Post, thejakartapost.com, March 21, 2019.

第一是先确定最终“目标”是什么：是消弭还是中和潜在危机？对象是普通大众、政府，还是特殊团体？必须何时完成？

第二是列出潜在危机的所有“现实”状况：障碍及困难点是什么？有什么阻力或助力？朋友或敌人是谁？是危机还是单一事件？

第三是列出所有可能达到目标的方案“选项”：各方案的优缺点(pros and cons)是什么？

最后是“决行”选项中的最佳方案，全力以赴：下一步要做的是什么？需要什么支持？谁能帮助提高成功的可能性？

不只是应用于有关潜在危机的讨论，在宝洁，GROW 模式的思维技巧也常常被用于许多其他问题的讨论上，是一个非常实用的工具。

总之，发现对企业有影响，甚至造成重大伤害的潜在危机要靠敏锐的洞察力与直觉，但通常在发现潜在危机后，宝洁公司拥有全球多年营运的丰富经验，事情不难解决。

沟通、沟通、再沟通，是消弭潜在危机的最佳途径

如何消弭潜在危机呢？除了企业要切实做好质量管理、遵守法规、产品安全外，平时企业就要与同业协会、专家学者、政府官员甚至非政府组织(Non-Governmental Organization，NGO)、非营利组织(Non-Profit Organization，NPO)广结善缘、建立良好关系，并经常沟通和交换意见。宝洁内部有一句名言是“沟通、沟通、再沟通(Communication，Communication，Communication)”，意思是想要表达的事要不厌其烦地说，有耐心地一而再、再而三地提醒，对方才会听进去。例如政府官员掌握行政大权，常常是企业要沟通的最重要的对象。宝洁公司凭借专业的知识及丰富的全球信息，主动提供国外争议性议题的法规、研究报告及动向，甚至邀请国内外专家学者，经常拜访政府相关部门或主动为他们上课，或者尽可能地提供政府所需的协助，衷心希望政府官员对于有争议的议题，能充分了解其背景及最新的国际动向，最终依法以专业的方式，而不是迫于某种压力来处理问题。

这些国际或本地的学者专家，多半在平时与宝洁公司就有合作计划，或有学术交流，所以对宝洁的做事方式比较熟悉，且非常信任宝洁的办事原则。除了上述直接一同拜访政府相关部门外，另外最常用的做法就是由同业协会出面，邀请宝洁公司的专家会同国际或本地专家学者，为政府官员做专题报告或短期陪训。我就曾多次代表同业协会，为中国、日本、韩国、菲律宾的政府官员讲授“环境安全”课程，并且以专题座谈的方式，直接沟通基因改造法规、化妆品安全法规、环境境风险评估、碳足迹等多项专业议题。说真的，亚洲各国当地的同业协会都非常欢迎宝洁公司邀请的专家带来的国际观，宝洁同时也和各国政府相关部门建立了良好的互动关系，并且达成议题上的共识。

另外一个很重要的关键伙伴就是美国大使馆，因为他们有义务做美国企业的后盾，并保护美国公司。我每年都会例行拜访日本、韩国以及东南亚等地美国大使馆内的商务代表，让他们充分了解宝洁公司面对当地法规时可能遇到的潜在问题，例如“基因改造法规”“清真认证”“化妆品宣称”“动物源原料”“核污染产品检测”“化学物质控制法”等。由美国大使馆出面做中间人，协助宝洁公

由召集人负责主持会议、协调调度、汇总及发布信息，是危机处理的灵魂人物，这个重要角色通常由有经验的公关部门老手担任。决策者是面对重要关头，在状况不确定时能果断拍板、快速做决定并全权负责的人，同时也是能动用资源并决定支持的人，通常是由区域品牌或当地总经理担任。支援者及执行者成员分别负责支持或执行决议，通常法务部门、法规部门、品管部门、政府关系部门、消费者关系部门的经理或专家为主要成员。因平时预警工作已作落实、训练有素，一旦危机发生，大家就能很快地就位“战斗位置”处理危机，不至于像无头苍蝇那样不知所措。

不仅是危机时责任分明、分工合作，其实许多计划、事务处理时都是如此。在宝洁，PACE 模式是一件非常实用的“行政工具”，很多事情别说太多废话，先用 PACE 模式厘清责任再说，搞清楚每个成员的角色及任务后，效率自然会得到提高。

另外，危机过后的检讨也是绝对必要的。它不是歌功颂德、锦上添花，更不是秋后算账，而是平心静气地“回首向来萧瑟处”，找出 (1)危机发生的真正原因，(2)危机处理时做得好与不妥的地方，(3)处理当中及事后有哪些要改进之处。检讨会后还要追踪改进的进度，确保同样的危机事件不会再发生。

总之，宝洁公司是以居安思危为中心思想的方式，积极做好危机管理(图 4-3)，平时学习和不安定相处，努力探索潜在危机、沟通消弭潜在危机，熟悉危机时的战斗位置。只有处理过危机的人才知道，真正危机到来时，只要不是敌人就“偷笑”了，伸出援手的朋友并不多，大多数都是在旁边“冷眼旁观”。其实也莫怪，商场如战场，企业要靠自己，平时做好危机管理功课才是正道。

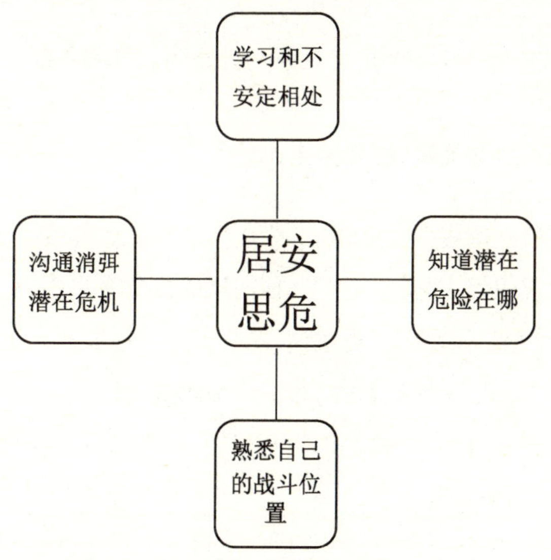

图 4-3　宝洁公司的危机管理方式

危机处理的实战心得

《财富》杂志曾对世界 500 强的 CEO 进行了一项调查，结果发现“有 80%的 CEO 认为现代企业面对危机，就如同死亡一样是必然的；其中有 14%的 CEO 曾受到严重危机的挑战”①。危机虽有不同的类型，但事件多半是突发的，时间要求上是急迫的，状况常常是不确定的，对企业具有强大的杀伤力，尤其在媒体舆论的关注下，稍有不慎、误判形势，知名公司惨遭灭顶，或形象信誉扫地的例

① MBA 智库：《危机管理(Crisis Management)》，https://wiki.mbalib.com.

子屡见不鲜。

我在宝洁曾多次担任危机处理小组召集人,历经多次公共、产品质量、灾害危机,以下是我在第一线处理危机的一些实战心得。

跨国企业非圣贤,诚实是上上策

多年前一位吉他音乐家搭乘美国联合航空公司班机,到达目的地后发现他的吉他被摔坏了,他向联航提出客户投诉,但没得到响应,一气之下他写了一首歌《联航会砸烂吉他》,才几天联航股价就跌了10%,市值蒸发1.8亿美元。如果联航在第一时间就诚实地承认疏忽和过失,负责赔偿顾客损失,也许就不会有日后股价暴跌、名誉扫地的事发生。

当发现产品在安全上有疑虑(如纸尿布或卫生棉当中不慎有坚硬异物混入,洗发精原料规格不符等),产品仍在掌控中时,应立即由工厂或配送中心回收做适当处理。产品如已在市场,不要心存侥幸装作不知情,并且继续销售有问题的产品。据我的经验,反而是主动告知政府、诚实面对,才是最好的选项。当然在告诉监管部门时,第一,要提出证明,指出有疑虑的产品只是个案,不会有严重的安全问题;第二,保证已经做了改善,以后生产的产品不会有任何问题。

根据我多年的经验,监管部门通常喜欢"主动认错"的公司,在我处理过的许许多多的事件中,主动认错大都能得到各国政府官员的谅解,将事件就此打住,不予追究。如果政府官员不认同,也就是产品有更重大的问题,最坏的结果就是完全承担责任,配合依法回收市场上的产品，短期来看公司虽蒙受损失，但长期来看不但因主动认错使事件得以控制，也展现出一个跨国企业的高度，对消费者权益的重视，主动负责的态度终将赢得社会大众及政府的信任。抱着侥幸的心态，等到消费者或经销商指控，媒体曝光报道后东窗事发，结果重挫企业信誉、后悔莫及的例子近年来却如过江之鲫。

日本厚生劳动省下辖的医药品和医疗器械局（Pharmaceuticals and Medical Devices Agency，PMDA），其官方网站上会公开公布医药、医疗器材、化妆品等相关产品的回收情报，每年几乎有数百个"主动认错"回收产品的案例。数据显示，许多案例都是非常轻微的错误，但厂商仍选择主动"认罪"回收产品，因为大家都知道，不主动认错若被逮到，其严重后果难以想象。

掌握黄金时间，勿托、勿闪、勿"神隐"

企业最常面对的是突如其来的产品质量危机，例如国内外某机构测出产品含微量有害物、媒体报道产品原料来源有问题、政府或某学者指出产品造成环境污染等。产品质量危机有时会快速转变成企业品牌危机，甚至扩大成企业公关及经营危机。今日分析仪器日新月异，已可检测出十亿分之一（parts per billion，ppb），甚至一万亿分之一（parts per trillion，ppt）微量化学物质，要保证产品或原料"零检出"的标准是个难度极高的门槛，所以企业产品质量危机的发生，尤其是关于一些有争议性的化学物质，预计会随着分析技术的精进而绝对有增无减。

当这样的危机发生后，因信息传播发达，24小时内为黄金处理时间，也就是说在24小时内，必须：

● 迅速成立危机处理小组，依PACE模式分配任务，就位“战斗位置”。

● 汇集包括产品安全检测在内的所有相关背景资料。

● 整理出国内外相关法规规定。

● 完成初步危机处理方案。

● 定稿对外沟通信息概要(Message Track)，准备好随时接受采访，以及对外声明。

● 启动并进行情景规划分析(Scenario Planning/Analysis)，全方位考虑危机处理对策，以及可能的替代方案。

通常企业高层在对外或对内发表文宣、演讲或接受采访之前，公关部门会为其准备名为“信息概要”的一页摘要，其中包含“表达的目的”及三点“支持论点”——是的，不多不少只有三点，因为三点论点的沟通说明方式通常最简单、令人难忘且易于重复使用。宝洁的传播与公关部通常将这一纸摘要以一个简单的三角形来表示——三角形内部中心写明要“表达的目的”；三角形的三个角则分别注明三点“支持论点”，论点下会加些补充说明或行动。这份信息概要在危机处理时至关重要，是准备对外声明或接受采访的蓝本，必须在黄金时间内及时得到PACE模式中决策者的同意。

情景规划分析是在危机发生时，用来厘清千头万绪、透视扑朔迷离现状的一种工具；就像在下棋，想好下一步和下几步棋的可能

“情景”。通常由 PACE 模式中的召集人先与几位核心执行者，根据现状在黄金时间内起草可能发生的不同“情景”，以及宝洁相应的对策及行动，然后再邀请危机处理小组全体成员作整体讨论及细节修改。通过情景规划分析，一方面有助于明确下一步及对应措施，另一方面有助于稳定军心，避免兵荒马乱。

总之，应变要快、要果敢、要面对，切记勿托、勿闪、勿“神隐”。如果有错就立刻承认，绝不要硬扛，并在第一时间承诺补救解决之道。如果是被误解了，就提出有力的反击证据，例如立即公布有公信力的机构或学术单位的第三方测试结果，请国内外协会发表业界联合声明，力求在黄金时间内平衡传播媒体及网络的大幅报道，快而准地找到止损点，控制住危机的扩大。

危机时，监管部门也希望早日落幕

纵观亚洲各国，在任何危机事件中，政府监管部门仍是最重要的仲裁者。在危机的风口浪尖上，监管部门一方面要依法行事，另一方面也受到舆论压力，希望危机能赶快落幕，一切恢复正常。如果企业确信自己是被误解了，但一时提不出有力的证据时，不妨由协会、商会或有影响力的第三方如美国大使馆、欧盟代表等，要求政府相关部门公开表示已在深入调查之中，并保证于近期会公布调查结果，也就是由监管部门出面暂缓一下激昂的情绪，给大家一点时间先冷静一下。

最不好的状况就是一时缺乏有力证据来证明清白，却又一味强调自己的清白，监管部门一时也不想介入，而任由整个事件发

面对、掌握黄金时间、力求政府出面、着眼消费者权益，才能安渡危机，确保企业长期利益。

危机就是转机，危机中的确充满了学习的契机。通过危机，企业就更清楚地知道自己的罩门在哪里。危机，是打破旧框架的最佳事件，也是强者锻练肌肉的最佳试炼，更是领导者展现不凡的最佳机会。

很多企业因危机而一蹶不振，也有很多企业将危机变成养分，而“转大人”、自我超越。宝洁公司的危机管理系统常常让企业化风险为机会，解危机于无形；它不仅是一门所有领导者的必修主课，同时也是企业在关键时刻救命的急救箱。

第五章

力行可持续发展

可持续发展是现代跨国企业通往永续经营的唯一道路

可持续发展主要包括三个方面：经济增长、社会进步与环境保护。宝洁公司在可持续发展上的实际行动、成果与未来展望有其脉络可寻。宝洁以保护生态环境为基础，以企业经济增长为前提，以全面社会进步为目标，由上而下，力行可持续发展。

从环境研究计划说起

1996年1月我正式加入宝洁公司，成为环境安全部门(Environmental Science Department，ESD)研究员，此部门隶属于R & D下的产品安全及法规部(Product Safety & Regulatory Affairs，PS & RA)。第一个月的新进人员培训，就让我大开眼界，区区一个产品安全及法规部全球就有七八百人，其中多达200人是拥有人体安全(Human Safety)及环境安全(Environmental Safety)博士学位的专家，更有近200位产品法规专业的同仁遍及世界各地,如此强大的队伍,即使在今天放眼全球跨国企业,应该也是无人可及的。

之后在美国辛辛那提市总部一年的培训中,我深深体会到宝洁公司视产品法规及安全为已任,这样的信念是由上而下,根植在每位员工心中的。除了持续投资偌大的资源,宝洁公司务求产品遵守全球最严格的法规,并精实研究,确认产品在全世界营销,于不同的消费者行为及习惯下,无人体及环境的安全疑虑。

我加入宝洁公司后的第一个计划,是研究在没有废水处理厂的情况下,当家庭废水直接流入河流,河流中残留的表面活性剂(Surfactants)对环境生态的影响。对欧美日等发达国家而言,下水道非常普及,因而顾虑不大,然而对诸如亚洲国家,当时在少有废水处理厂的情况下,家庭用水几乎直接排入河流,当宝洁公司的家用及个人护理产品在亚洲急速增长与热卖后,产品如洗衣粉、洗发水等在使用后超过一半会直接排入河流中,尤其是其中含有大量常用的表面活性剂,那么对环境生态的影响有多大?这是一个所有同业必须回答的严肃问题。

此研究计划的第一阶段,是在位于辛辛那提市 Ivorydale 研发中心的实验室,先模拟家庭废水与河水混合后常用表面活性剂的生物分解状况。在取得初步研究结果,证明一般常用的表面活性剂能够在实验室控制的水环境中快速生物降解后,研究团队决定在亚洲进一步做第二阶段的实地实验。

在走访中国及菲律宾多个小镇后,研究团队终于在 1998 年决定与菲律宾大学环境工程研究所进行合作,并选定离马尼拉东南方约82公里，一个名叫 San Pablo 的小镇开展实地实验。当时镇上的人口大约是5万人，研究团队认为流过此小镇的 Balatuin 河是最理想的环境生态研究地点，因为上游本来干净的河水流过五六公里人口密集的小镇，在没有废水处理厂的情况下，家庭废水直接而密集地排入河流，因而污染了河水。可当河水流出小镇之后，因人烟逐渐稀少，且附近没有什么工厂，此时如果河水经过自净作用而变干净，流域生态环境也完全复原，这就表示随家庭废水排放到河流中的表面活性剂在河流自净复原的同时也已经得到生物降解，我们假设一般常用表面活性剂对复原中的河流环境生态的影响是非常有限的。

历时一年半在菲律宾的实地实验，证明了我们的假设是正确的，团队研究结果在几个重要的环境期刊及年会上发表了近十篇论文①②。加入宝洁公司后的第一个研究计划，更让我了解到宝洁对环境保护的重视不是口头说说、纸上谈兵而已，而是培养世界公认的一流环境研究团队，以科学实证的方法评估环境影响，用积极负责的态度解决环境问题。

其实，最初几年我一直很纳闷：为什么宝洁如此重视产品环境安全？为什么要投资这么多的人力物力在不赚钱的事上？有一次

---

① Dyer, S. D., Peng, C. G., McAvoy, Fendinger, N. J., Masscheleyn, P., Morrall, S. W., Casilla, A. B., Lim, J. M., and Gregorio, E. G.: "The Influence of Untreated Wastewater to Aquatic Communities in the Balatuin River, the Philippines", Chemosphere, 2003, 52(1): 43-53.

② McAvoy, D. C., Masscheleyn, P., Peng, C. G., Morrall, S. W., Casilla, A. B., Lim, J. M., and Gregorio, E. G.: "Risk Assessment Approach for Untreated Wasterwater using the QUAL2E Water Quality Model", Chemosphere, 2003, 52(1): 55-56.

我向一位环境安全部门的前辈提出这个问题,他毫不犹豫地回答:“这是宝洁的责任,是宝洁应该做的事。”

1999 年宝洁公司正式成立了可持续发展部门(Sustainability Department),同年我开始担任宝洁在亚洲环境可持续发展负责人,几年间的学习与成长,进而让我对全球可持续发展有了相当的了解,同时因工作的关系,我对宝洁公司力行可持续发展也有了更全面的认识。

在宝洁美国官网(us.pg.com)首页,“我们的影响(Our Impact)”下,有“做正当的事(Doing What's Right)”这一栏。开头有一段很有启发性的描述,更贴切地回答了我之前的疑问:“这很简单,在做正当的事上,我们渴望成为领导改变的先驱。我们的目标是利用所有的机会——无论多小——启动改变;成为善之力和增长之力,为了你,为了世界,为了生生不息的世代。(It's simple. We want to lead the charge in doing the right thing. Our goal is to use every opportunity we have—no matter how small—to set change in motion. To be a force for good and a force for growth. For you, for the world, and for every generation to come.)”

如在本书第一章中提到,PVP 的特性文化对宝洁公司所有员工最直接的深层意义及具体表现,就是“做正当的事”。原来宝洁在为全球消费者服务的同时,不仅要负责、做应该做的事,确保产品安全,更要成为“启动改变”的领头羊,并致力于要成为全球最重视可持续发展的企业之一。正是因为可持续发展观念深植于宝洁公司的宗旨和价值观之上,可持续发展在宝洁就是“做正当的事”,

就是“善之力和增长之力”。

宝洁公司深知可持续发展是现代跨国企业通住永续经营的唯一道路。要长寿就必须做正当的事、为可持续发展注入活水，要不然就成为一个“穷得只会赚钱的公司”。另外，不仅要为这代人谋福祉，更要把眼光放远，有长期可持续发展的目标，为未来世代谋福祉。以下我们来进一步了解什么是可持续发展，以及宝洁公司是如何在实践中奠定可持续发展的基石。

认识一下可持续发展

有关可持续性发展，一般公认它的概念源于 1987 年，时任挪威首相格罗·哈莱姆·布伦特兰(Gro Harlem Brundtland)代表世界环境与发展委员会(World Commission on Environment and Development, WCED)在联合国第四十二届大会上发表的一篇《我们共同的未来(Our Common Future)》的报告，又称《布伦特兰报告》，这份报告中把可持续发展定义为“一个能满足现行需求，亦不危害后继世代权益并满足他们需求的发展模式”①。《布伦特兰报告》促进了联合国对可持续发展计划的推动，同时鼓励各国政府、民间企业以及社会大众的全力参与。

之后 1992 年在巴西里约热内卢举行的联合国地球高峰会(Earth Summit)，又称联合国环境与发展会议(The United

① World Commission on Environment and Development: “Our Common Future”, Oxford University Press, 1987.

年正式成立环境安全部门，直接负责全公司产品及包装的环境安全，同年，产品人体安全及法规部门也分别正式成立，从此宝洁在产品对环境及人体安全上的研究，及开发安全的原料上不遗余力，逐渐成为业界龙头，乃至全世界研究环境安全的知名重镇。

1983 年正式推出的三倍浓缩 Downy 洗碗精，为宝洁公司第一个可减少包装材料，同时又省水的环境可持续产品；1990 年宝洁发表了《企业环境质量政策》，强调环境生态维护是全体同仁共同的目标与责任；1992 年宝洁率先宣布，所有纸类产品包括婴儿纸尿布、卫生棉、卫生纸等将不使用氯漂白纸浆制造，确保产品在生产过程中及使用后焚化炉燃烧过程中，不会形成有害健康的氯化物①；1997 年继在美国之后，宝洁陆续完成欧洲及日本预估化学物质河流环境浓度的模式，此模式对区域性环境风险评估(Environmental Risk Assessment)贡献卓著②。

在联合国千禧年发展目标发表之前，宝洁公司于 1999 年由新成立的可持续发展部门负责制订并执行企业可持续发展目标。同年发表了企业第一份年度《可持续发展报告(Sustainability Report)》，从此宝洁也逐渐从强调环境保护，转型成由上而下带动更全面性的可持续发展，尤其更着重强调企业的社会责任(Corporate Social Responsibility，CSR)。

例如，宝洁公司自 1995 年起在台湾长期赞助“六分钟护一生：

---

① Procter and Gamble，https://us.pg.com/environmental-sustainability/.

② Yamamoto，A.，Peng，C. G.，Jung，K. H.，Namkung，E.：“Environmental Risk Assignment of Alcohol Ethoxylates in Japan”，Japan Oil Chemists Society (JOCS)，Detergent Symposium in Osaka University，December 2000.

妇女子宫颈抹片检查”活动，多年来至少造福 450 万名妇女参加受检。宝洁从 1996 年开始在中国大陆支持“希望工程”，为了帮助农村偏远地区儿童受到更好的基础教育，20 多年来如一日，宝洁公司成为援建希望小学最多的跨国企业，捐建翻新超过 200 所学校，让 30 多万名儿童受益。这两个是宝洁长期推动企业社会责任的最好例子。

另外值得一提的是，宝洁公司自 2007 年启用可持续创新产品（Sustainable Innovation Product，SIP）评估系统，也就是任何新产品必须先通过环境足迹（Environmental Footprint）评估才能上市。新产品与原来的产品分别在使用能源、水、交通运输量、原材料（包括包装），及再生资源等五方面做比较，至少其中一项要超过 10% 减降，且其他项不能明显增加。简单地说，就是将环境可持续观念直接应用在上游产品开发上，在不增加成本及降低功效的前提下，产品必须“一代比一代绿”，“一代比一代降低对环境的影响”。最好的例子就是汰渍冷水洗衣液（Tide Coldwater Detergent）的诞生。十多年前在美国，几乎家家都习惯加热水洗衣服，通过洗衣液的生命周期评估（Life Cycle Assessment），宝洁发现加热水洗衣耗费大量能源，对其环境足迹影响甚大。相对地在日本，家家几乎都用冷水洗衣，于是利用日本研发的洗衣剂为基础，率先推出适用冷水洗衣的汰渍洗衣液，希望利用汰渍在美国的高知名度及占有率，能够逐渐改变大众加热水洗衣的习惯。我了解到，在宝洁的大力推动下，为了环境、节省能源，在美国不加热水洗衣的习惯已慢慢养成。

近十多年宝洁公司在可持续发展上表现优异、屡获殊荣，包括

2005 年获得“Stockholm Industry Water Prize”，及 2007 年获得美国环境保护署(Environmental Protection Agency, EPA)奖章，表彰宝洁在发展中国家提供安全饮用水上的巨大贡献。2008 年宝洁公司获颁美国环境保护署的“Energy Star Certification”，表彰在节省能源上的成就，同年还获得“European Business Award”，表彰宝洁致力于可持续发展上的成果。2009 年宝洁荣获美国“Presidential Green Chemistry Award”，表彰在研发绿色原料及包装上的成果，同年还获得“世界百大可持续发展优良企业”殊荣。2012 年联合劝募协会(United Way)颁予宝洁公司“Spirit of America Award”，表彰宝洁在改善世界上 3 亿名儿童生活质量的卓越表现；2017 年美国环境保护署颁给“Climate Leadership Award”①，肯定宝洁公司在节能减排上的成就。2018 年宝洁汰渍获得“Environmental Leader Product & Project Award”，表彰其成为全方位绿色产品上的卓越表现②。

雄心 2030，宝洁公司立下的山盟海誓

在重视企业成长的同时，宝洁一直不遗余力地促进环境保护与社会进步。在 2018 年 4 月的地球周期间，宝洁公司公开发布了名为“雄心 2030——环境可持续发展目标(Ambition 2030 -

① United States Environmental Protection Agency："2017 Climate Leadership Award Winners"，www.epa.gov/climateleadership，2017.

② Environmental Leader："Environmental Leader Product & Project Award-Top Product of the Year"，www.environmentalleader.com，2018.

Environmental Sustainability Goals)"①,其目的就是在为企业和消费者创造经济价值的同时,实现并激发对环境及社会的积极正面影响。雄心目标既定,我深信宝洁就会全力以赴,于 2030 年达成誓言(图 5-1)。

图 5-1　宝洁公司的"雄心 2030——环境可持续发展目标"

资料来源:us.pg.com

当今世界最紧迫的两个环境挑战,一是有限的资源,二是不断

① Procter and Gamble,https://us.pg.com/environmental-sustainability/.

增长的消费。为了解决这两个棘手的问题,宝洁公司身为全球最大的日用消费品企业责无旁贷。宝洁2030环境可持续发展目标分品牌(Brands)、供应链(Supply Chain)、社会(Society)和员工(Employees)四个方面来全力推动,现摘其要点如下。

品牌:实现负责任的产品消费、包装、成分和安全

- 领先品牌将实现和激励100%负责任的消费。具体行动:近期起草并公布评估品牌对社会和环境长期正面影响的标准,在2019年开始报告领先品牌的进展情况。
- 100%可回收或可重复使用的包装材料。具体行动:在2025年,达到约95%的所有包装材料可回收或可重复使用。剩余部分将通过技术和商业创新来解决,到2030年达到全部可回收或可重复使用的目标。通过追踪可回收或可重复使用的包装百分比,每年报告进度成果。
- 以公开透明的方式,分享产品成分创新和安全科学数据,以期建立更大的信任。具体行动:第一步于2018年底公布成分透明度、用于确保产品安全的程序,以及承诺持续改进成分和产品组合的指导原则。通过公民报告(Citizenship Report),每年公布这些原则的进展情况。

供应链:减少环境足迹、保护森林以及改善棕榈小农的生计

- 减少我们的环境足迹,并努力寻求可循环的解决方案。具体行动:(1)100%使用可再生电力,并将温室气体排放量减少一半；(2)和2010年比较，每单位生产用水效率提高35%，并采用至少50亿升再生循环水；(3)通过至少10个重要的供应链合作关系，推动气候、水或废弃物的再生循环。

- 保护和加强我们赖以生存的森林。具体行动：(1)增加全球认证森林面积，同时努力加强认证系统；(2)与世界自然基金会（WWF）合作，领导制定科学的森林积极行动（Forest Positive）。
- 将通过增加现有土地的产量，从而改善棕榈小农的生计。具体行动：最初的重点对象是马来西亚的棕榈油供应小农户，这是宝洁公司最大的供应链。将实施当地计划，建立良好的农业生产能力，目标是帮助小农户实现每公顷18公吨的平均产量（马来西亚全国棕榈油产量平均值）。同时将验证这份当地计划是否遵循了可持续的做法。

社会

- 将找到解决方案，让宝洁包装不再流入海洋。具体行动：将从整体上看待废弃物管理，与相关团体共同合作，旨在促进关键地区可持续废弃物管理系统的发展，及努力改善其废弃物回收能力。将与无垃圾海洋联盟（Trash Free Seas Alliance）合作，帮助他们在东南亚的工作，并将每年报告这项工作和其他相关工作的进展情况。
- 将积极保护列入优先考虑流域的水资源。具体行动：到

2020 年底，明确界定优先考虑流域、合作的伙伴，以及解决每个流域特定水资源挑战所需的措施。

- 将推进吸收性卫生产品的回收解决方案。具体行动：到 2030 年将在世界 10 个城市实施吸收性卫生产品废弃物回收，并每年报告进展情况。

员工

- 将社会和环境可持续发展作为我们业务计划中的关键战略。
- 将教育各级员工。
- 将奖励可持续发展进度，并融入个人绩效评估。

具体行动：让所有员工充分了解企业的社会和环境可持续发展计划，并将其融入例行工作中。通过年度员工调查来衡量进展，并积极奖励为可持续发展目标做出重大贡献的员工。

如果只有目标而无具体行动将其融入员工的日常工作中，推动可持续发展只会沦于喊口号。有限的资源和不断增长的消费，是每一个企业尤其是跨国企业不得不面对的责任与挑战，宝洁公司务实的可持续发展目标，例如与国际组织合作“零滥伐森林(Zero deforestation)”、在荷兰试验成功回收用过的纸尿布、新推出可再使用的 Tampx 卫生棉条、海飞丝洗发水包装使用海滩回收塑料、Dawn 洗碗液减用 50%塑料、中国的八家工厂废弃物零填埋等，在 2018 年总体上已取得了可观的进度。

由于在使用再生电力上的努力，宝洁荣获美国环保署颁发的2018"绿能领袖(Green Power Leaders)奖章"①。2019年1月底，宝洁公司宣布加入"无废弃物购买平台 Loop(Waste-free shopping platform，Loop)"，与 TerraCycle 结盟合作，一同以回收、再利用、再填充的方式全力解决包装废弃物问题②。为了达成2030年对环境可持续发展的海誓山盟，此刻宝洁正一步步坚定不移地向前迈进。

在社会可持续发展上，宝洁公司一直专注于三个方面：

- 社区影响(Community Impact)。专注于提供社区的健康、卫生和居家舒适。无论是支持卫生教育，或提供诸如水这样的简单必需品，或为灾难而流离失所的家庭提供必需品，目标都是致力于改善宝洁所接触小区的健康和福祉。
- 性别平等(Gender Equality)。利用宝洁在广告传媒业的影响力，帮助打破两性陈规定型观念并激励改变；通过品牌影响计划，协助并实现性别平等；企业内致力于创造性别平等文化，平等对待每位员工，首要任务是各部门实现男女50/50的平等代表性。
- 多样性和包容性(Diversity & Inclusion)。重视及包容每位不同背景的员工，让大家都有平等的机会充分表现，由员工的多样性和包容性出发，进而满足更多不同消费人群的期望。

---

① United States Environmental Protection Agency："EPA Honors 2018 Green Power Leaders"，https://www.epa.gov/newsreleases，October 10，2018.

② "P&G releases refillable packaging"，Recycling Today，https://www.recyclingtodayglobal.com，January 24，2019.

2018年值得庆祝的一个里程碑，就是宝洁公司的儿童安全饮用水计划（Children's Safe Drinking Water Program）已经提供了140亿公升清洁饮用水给需要的小区。同时宝洁公司发表了发人深省的《女性的工作：神话与现实（Women at Work：Myth vs. Reality）》的新思维，它直接挑战了在职场上时时对女性过时且不公平的定型思考，并与Sesame Workshop和Muppets合作，设定了对两性平权新的期望，再由一系列品牌广告活动倡导人人平等①。说到女性在职场上受到一些过时的陈规、定型观念、做法等不平等待遇，在日本一直是一个公开的社会问题，虽然日本政府多年来努力尝试消除性别差异，但成效有限②。日本宝洁公司多年来一直受到女性青睐，在许多问卷调查中一直名列日本女大学生“最想进入公司”的首选，其中很重要的一个原因，就是宝洁在性别平等上名声远播，女性主管比例远高于一般的日本企业。

2019年3月，美国女子足球国家队的所有队员在国际妇女节当天向美国足球联合会提起诉讼，指责该组织“制度化的性别歧视”，与男子国家队比较，包括薪酬、训练时间、训练场所、医疗、教练和旅行上表现出许多不平等。7月7日当美国队击败荷兰赢得女足世界杯冠军时，宝洁除了捐赠52.9万美元补足她们薪资上的差距外，并在《纽约时报（*The New York Times*）》刊登整版广告，强烈表达宝洁公司支持“两性同等报酬（gender equal pay）”的严正立

---

① Procter and Gamble，https：//us.pg.com/environmental-sustainability/.

② Larmer，Brook：“Why Does Japan Make It So Hard for Working Women to Succeed?”，The New York Times，October 17，2018.

场,此举立即赢得了巨大反响与赞赏①。

宝洁公司在倡导社会可持续发展方面的最大特色就是由“自身做起”,因为相信先由内部开始,力行男女平等、尊重与包容所有不同背景的员工,然后才能推已及人,更了解这多样的社会,为所接触的社区提供更有意义的服务,并开发出更适合不同消费者的产品。

特别值得注意的是,不久前宝洁公司在“SB’19 Paris”的一场国际会议上提出经由“2030 品牌标准(Brand 2030 Criteria)”,强调要为每天使用宝洁公司产品的全球 50 亿消费大众努力实现“负责任消费(Responsible Consumption)”②。宝洁全球品牌建设执行官毕瑞哲(Marc Pritchard)更进一步说明:“宝洁将重塑市场营销,善用我们品牌的影响力,让品牌成为善之力和增长之力。希望宝洁的品牌在增长和创造价值的同时,对社会和环境产生可衡量的、长期的正面积极影响。”这也与联合国正在极力呼吁,全球企业落实“影响力投资(Impact Investment)”的理念相呼应。所谓重塑,是指从占宝洁公司总营收 80%的 20 个领导品牌开始,首先确定品牌在“负责任消费”上的具体目标,选择对社会或环境可衡量且可实行的品牌承诺,同时做到四个基本要求:第一,力行负责任的消费,使用再生或回收原材料,以达到包装百分之百可回收;第

① Deighton, Katie:“USWNT sponsor P&G takes out full-page Times ad to demand equal pay in soccer”, https://www.thedrum.com/news, July 15, 2019.

② Sustainable Brands:“P&G Brands Aim to Expand Leadership in Responsible Consumption”, https://sustainablebrands.com/read/behavior-change/p-g-brands-aim-to-expand-leadership-in-responsible-consumption, April 26, 2019.

二,利用品牌影响力,沟通并促进可持续发展;第三,做到产品成分透明,并公开分享产品安全科学;第四,负责任的原材料采购,减少整个供应链的环境影响。

前文提过,宝洁从1999年逐渐由强调环境保护,转型为更注重企业的社会责任。20年来,也许因为成本太高,或是社会接受度不够,据我观察,宝洁公司在可持续产品及品牌的实质应用上一直有些无力感。此刻,人们终于看到宝洁品牌产品与可持续发展的华丽结合、隆重登场。既然宝洁做了实现"负责任消费"的承诺,这就表示"东风"已到,在可预见的将来,将更致力于研发可持续创新产品,同时会有更多的宝洁品牌不同于以往,将以对社会和环境贡献为营销主轴,力拼品牌在可持续创新产品领域的领导地位。我衷心期盼,以宝洁公司的规模及其影响力,由自身品牌及产品在可持续发展上的实践能带动全球"负责任消费"的风潮。

结语

可持续发展主要包括经济增长、社会进步与环境保护三个面向。我们看到许多企业把口号喊得响彻云霄,假借可持续发展的美名"漂绿"自己,忽悠社会大众,但实际上什么也没改、什么也没做。宝洁公司在可持续发展上有脉络可寻,如在绪论中提到,早在一百多年前,高度的社会责任感就已在宝洁蔚为风尚;50多年前也由重视环境生态保护为起点,到今日品牌与可持续创新产品的共生结合,全面走向力行可持续发展的康庄大道。

我欣喜地看到，宝洁最近郑重宣布由全球 20 个领导品牌发起“负责任消费”，用实际行动致力于解决当今世界面临的诸如贫穷、女子教育、塑料污染、清洁饮水等关键问题。以宝洁公司的规模及品牌影响力，并联合关心这些议题的有力人士，其成果应是可期待的。我同时也希望，宝洁品牌结合可持续创新产品的做法反映在实质的业绩增长上，并带动一波“负责任消费”的风潮。

一路走来，宝洁公司深刻了解到可持续发展是现代企业长寿的“通关”密码。宝洁由上而下投资可观人力物力，利用全球市场占有率优势，推动可持续发展，以保护生态环境为基础，以企业经济增长为前提，以全面社会进步为目标。宝洁完全以身作则，由自身并结合其他志同道合的伙伴，制定可行的环境及社会可持续发展目标，定期检验并公布进度，一起向上提升，用成果来证明自己对可持续发展的真心诚意。

第六章

顺应时代趋势

世界潮流，浩浩荡荡，顺之则昌，逆之则亡

面对时代趋势，宝洁公司适时找出调整、变革、转型的能力，并且随着180多年来时间的磨练与经验的累积，它们早已在企业内落地生根，成为生存本能。面对21世纪的新趋势——数字化、智能化、创新加速、绿色消费、人口老龄化，宝洁公司又是如何顺势布局、站好有利位置的？

调整、变革、转型是大浪来时的救生圈

“滚滚长江东逝水，浪花淘尽英雄”，时代趋势就像滚滚洪流，挑战着所有企业，要想不被浪花淘尽，就必须有顺应潮流，适时调整、变革、转型的先见与能力。这里所谓的时代趋势，指的是全球新的“科技、共同意识或变迁”每天都在我们生活周遭酝酿、发酵、发生，就像雨后春笋般造就着许多新兴产业，也像浮动冰山威胁着许多既有产业。不幸的是，许多企业都是在撞上冰山后才开始转舵；不幸的

是，许多企业当察觉时已太迟，成了“泰坦尼克号”沉船。

其中最典型的例子，就是柯达与富士胶卷。大约在千禧年前后，数字化及信息通信技术的浪潮来袭，仅仅几年间数字相机让底片市场迅速萎缩。柯达因对底片旧事业的割舍当断不断，埋下日后破产伏笔。反观富士以壮士断腕之勇气，毅然关闭底片工厂，调整、变革、转型开发新产品成功，至今仍朝气蓬勃、屹立不摇。又如，因地球气候变迁，环保意识抬头，环保相关产品如电动车成为新宠儿，一时间所有汽车公司投资大笔经费争相研发，日后大有淘汰传统汽车的趋势。

翻开宝洁公司 180 多年的发展史，其中充满了迎向新时代的血泪；调整、变革、转型就像是企业体内的热血，一直不停地涌动。例如 19 世纪末、20 世纪初，发电机和发电系统让家家户户都用上了电灯，这意味着蜡烛的时代即将画上休止符。曾以贩卖蜡烛为主力的宝洁，就必须顺应时代趋势，不得不面对现实，于 1920 年完全终止了蜡烛的生产制造，转型为以肥皂为主力的公司。又如在合成洗衣粉于 20 世纪 30 年代出现时，也就是洗衣、洗地、洗碗兼洗澡，一块多用途肥皂的没落开始，宝洁又必须做出壮士断腕的决定，因为已经察觉到表面活性剂新科技袭来，当时以生产肥皂为主力的产品生态体系将随大江东去不复返。如果做不到与时俱进，没有跳离“舒适圈”变革的热血，宝洁恐早已灭顶于时代洪流之中。

2018 年 5 月，网上有一篇标题为《别了，宝洁！又一美国巨头被中国市场抛弃》的文章，认为随着互联网时代的来临，中国消费渠道巨变,在线消费成为主流,以传统线下渠道为主的宝洁公司会在时代变化之下应声而落,并直言:“当市场上能满足消费者追求质量、个性化需求的产品越来越多时,宝洁被抛弃只是时间问题。”

显然,这篇评论的作者高估了自己的判断力,并远远低估了宝洁在中国的生命力,殊不知顺应时代趋势正是宝洁公司 180 多年来得以驻颜回春、延年益寿的仙丹妙药。企业数字化需要投资、时间和人才,是一个大企业才能玩得起的东西,而宝洁正是“顺应这趋势,转换成优势”、玩得起的好手。此刻,宝洁在中国家庭的渗透率已超过 90%,财报亮丽、营收创历年新高,并未应声而落;其背后与主流电商无缝接轨,共同打造数字化全链路的合作模式,创造高质量在线营销的新模式息息相关。宝洁在中国的强劲表现,正是给那些不十分了解宝洁,又不看好宝洁的人士最有力的响应。

宝洁公司每年七月新年度开始前的三个月,全球企业上上下下就会陆续着手制订新年度的营运方针与战略计划(Objective, Goals, Strategies and Measures, OGSM)。我连续十几年参加过日本、东北亚及泛太平洋的主管 OGSM 会议,每年都会由市场研究部门发表年度专门报告,其中很重要的部分就是市场趋势及潜在威胁的研究。例如几年前“不用洗衣粉的洗衣机”“无硅灵洗发水”“高浓缩洗衣液”等潜在威胁产品就曾出现在研究报告中,引起高度关注。例如网购的蓬勃、少子化的冲击、有机天然产品的受到重视等市场趋势,也常常是大家讨论的重点议题。

宝洁公司常年努力了解市场的时代趋势,其目的不仅是要提早找出应对之道，调整方向避免撞上冰山，更重要的是发掘新商机，及时占领高地，取得先机优势。这种由对趋势的长期深入研究中顺应时代潮流，找出调整、变革、转型之方，就像前面所提的五大密码，已经在企业内落地生根、成为本能，时时发动，协助宝洁化险为夷、乘风破浪。

我观察到至少有四项时代趋势（图 6-1），宝洁公司已经对此加以关注并积极顺应布局中，目的一方面立于不败之地，另一方面开创新契机。以下我将分别探讨说明：(1)数字化、智能化，新科技下大众市场的通关密语；(2)加速创新，和新创公司一起打拼；(3)喜好“绿色”“天然有机”产品的号角已响起；(4)迎接银发族为主角的时代。

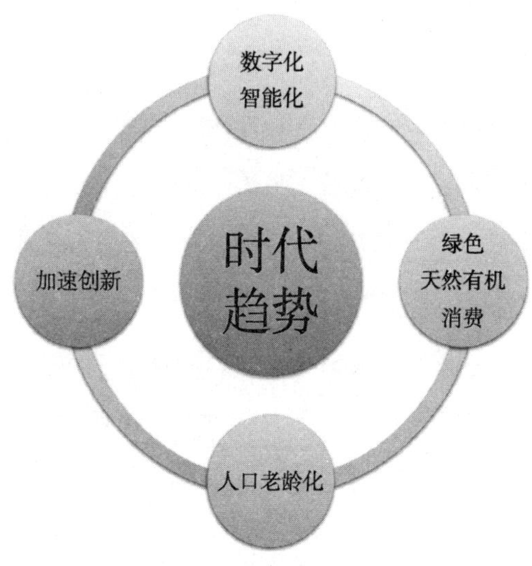

图 6-1　四项影响宝洁公司乃至全球经济版图的时代趋势

数字化、智能化,新科技下大众市场的通关密语

传统的营销主要是借由广告方法,例如杂志、报纸、电视、收音机、信件、电话、车箱等来宣传新产品。这些传统营销方式一般花费大,和消费者无法互动,且最终很难衡量其投资报酬率。

近年来,由于互联网科技和社交平台的不断发展,数字营销(Digital Marketing)应运而生,俨然已成为时尚新宠。数字营销指的是通过互联网或移动设备如手机、平板计算机等来做营销;它包括网页的经营、电子信件、社交媒体、搜索平台等。数字营销的好处是可以针对不同的消费者人群做出定制化的广告,如此较容易锁定特定消费人群,能与消费者互动且花费较低,较易评估广告的效率和投资报酬率。

根据 We Are Social 在 2019 年的报告,全球使用数字科技的人口在不断增加,每天全球有 100 万名新的使用者;目前全世界约有 45%即 35 亿人口在使用社交平台,并且平均每个用户拥有 8 个不同的社交和通信网站服务(social and messaging service)①。

根据 Statista 的统计资料,2018 年全球约有 18 亿人在线购物,全球电子商务销售总额约达 2.8 万亿美元,预估在 2021 年将会增长到 4.8 万亿美元,大约占全球总销售的 17.5%②。近年来,移动

① "Digital in 2019", We are Social, https://wearesocial.com/global-digital-report-2019.

② J. Clement, J.:"E-commerce worldwide-Statistics & Facts", Statista, https://www.statista.com/topics/871/online-shopping, March 12,2019.

购物(mobile shopping)不断增加,按照 Euromonitor 的评估,移动购物在未来 5 年将会增长 250%,从 2018 年的 1.9 万亿美元,预估在 2023 年会增加到 4.3 万亿美元;根据 2018 年最后一季的数据显示,使用桌上计算机和手机在线购物的总额已几乎相同;不过,大多数消费者使用手机来搜索零售商的网页①。电子商务已形成不可逆转的趋势,任何企业想要持续成长,就必须“佩刀带枪”,毫无悬念地借由数字营销朝向这新兴大众市场挺进。

宝洁公司深知仅靠传统的营销方式是不够的,多年前即开始发展数字营销。据我所知,由于当时企业内部没有专业人才,开始几乎完全仰赖于外部合作伙伴,数年后经过评估,发现投资报酬率并不高,主要是没有将广告在适当的时间和地点传送到目标消费人群;当时也投资了很多经费做大数据分析,但效果并不好。

据我观察,近年来,宝洁公司在广告营销上还处于转型阶段,一方面宝洁开始招收大数据分析的专门人才,内部积极发展数字营销的能力,另一方面减少传统大广告公司的营销广告费,增加与有创意的数字广告公司的合作②;近年来三分之一左右的广告经费是用在数字营销上,且整体营销策略已从原先以 18 至 49 岁女性为主打对象,转变成专攻诸如新手妈妈、千禧世代专业人士、洗衣机首购者等 350 多种特定消费群体。除此之外,也鼓励品牌营销的相关人员加强大数据理解分析能力。推行新的数字营销方式

---

① Sands, Kendrick:“Mobile Commerce Predicted to Grow by 250% Over 5 Years”, Euromonitor, April 26,2019.

② Nilsson Patricia:“P&G ad strategy signals more pain for big agencies”, Financial Times, June 21,2019.

就必须培养新的能力、有新的思维，最后关键当然还是“人”，宝洁公司似乎选择了先把基础打好，再一步一个脚印，由自身专业团队练兵做起。宝洁同时也选择了韩国作为全球电子商务的重点示范滩头堡，主要因为韩国互联网及手机普及率在世界名列前茅，借由韩国的第一线实战经验，正可培养数字营销高手，作为进军亚洲甚至全球市场的人才孵化器。

从 2018 年的数据来看，宝洁公司的电子商务营业额只占总营业额的 6%，约 45 亿美元；预期到 2021 年，电子商务的占比将迅速增长 5 倍至 30%①。要达到 30%并不容易，但宝洁既然夸下海口，就表示在电子营销(e-marketing)和移动营销 (m-marketing)上的硬件、软件均准备就绪，将会充分应用网络新营销，在电子商务上大干一场。

除了电子商务的发展外，宝洁公司也同时积极发展人工智能(Artificial Intelligence，AI)在产品上的应用。在 2019 年 CES (Consumer Electronic Show)的展示会场，宝洁充分地展现了这方面的成果②：

- “Airia”用于整个家庭的室内芳香剂系列，链接到 APP，就可以用声音或机器上的按钮来设定开关时间、调整香剂的强弱和设定周围的灯光。

- “SK II Future X Smart Store”利用人工智能，提供给消费者

---

① Sweeney，Erica：“P&G reports strong sales growth，despite cutting marketing spend by 6%”，Marketingdive，October 22，2018.

② “CES 2019 Fact Sheets”，Procter and Gamble，https://news.pg.com/ces-2019-fact-sheets，2019.

不同的购物体验；脸部经过扫描后，消费者可在虚拟的购物架上浏览各种推荐产品，只需摆动手就可购买。这是第一个结合人体和数字的科技，带领消费者进入一个崭新的实体数据化（phy-gital）购物环境；当消费者购买商品如 SK－Ⅱ青春露回家时，产品上的功能包装通过 APP 就可连上物联网，每天提供定制化的护肤建议。

● “欧乐-B(Oral-B)Genius X”高科技牙刷利用人工智能，告诉消费者刷牙刷得太久或太短、哪里没刷到；刷牙时，实时提供刷牙反馈，让消费者拥有更健康的牙齿。

● “玉兰油(Olay)Skin Advisor”是一个网络平台，让消费者掌控自己的皮肤状况。利用不同的人工智能，Olay Skin Advisor 最早运用美妆界的深入知识，也最早使用突触智能。Olay 的专利科技让消费者自拍后可以知道自己的肌肤年龄，并针对皮肤状况，提供定制化的护肤产品推荐。

另外，即将上市的帮宝适“Lumi”是由宝洁公司与谷歌(Google)合作开发，世界第一个一体化联网的婴儿监护系统，它可以连接到帮宝适尿布专用的活动传感器，通过智能手机应用程序，除了随时看到婴儿之外，还可以自动跟踪婴儿的睡眠模式，并提醒家长帮宝适尿布是否该换了。

无疑，宝洁公司未来会将人工智能直接应用在更多的产品上，或与产品相关的周边事务上，让全球消费者零距离贴近、了解、测试产品，进而购买产品。数字化、智能化乃是世界潮流，各商家使出浑身解数，在时代巨轮下讨商机，就怕慢一步、失先机，错一步、全盘皆输。宝洁公司也不例外,正积极试图掌握这通关密语,在这条不太好走的路上,向前一步步勇敢迈进。

加速创新,和新创公司一起打拼

在这瞬息万变的e时代,黑天鹅满天飞,生意不好做啊!企业存活都已是战战兢兢的保卫战,更遑论创新。“创新”不是新名词,但显然是e时代所有企业念兹在兹、天天挂在嘴边的至理名言;创新已成为时代趋势,人人朗朗上口,甚至有人说“创意是企业的基本素养,不懂创新,是企业最大的危机”,但说起来容易做起来难!据麦肯锡顾问公司长期的调查,所有的企业都追求创新,但只有不到三成的成功率,要做到加速创新,更有如天方夜谭。

创新不外乎在现有业务上求变革、求突破,或是开创与现有业务完全不同的新蓝海。像宝洁公司这样庞大的跨国企业,不可避免地因为“大”而成为负担,复杂的组织使得决策慢、例行公事多,如果想在现有业务之外转型、创新、变革不是不可能,只是不可避免地会遇到各式各样的挑战与质疑。在有历史的大企业,创新与传统常常是一场“拉锯战”,要跳出旧有框架去创新需要勇气。所以“大企业不能创新(Big firms can't innovate)”的说法一直是某种难打破的定见。

我在本书第三章中所提的研发创新,指的是以现有业务为基础,遵循体制,有组织、有系统,不断研发创新来解决消费者的问题,改善消费者的生活。宝洁公司在过去180多年来,这种由内启动创新的典型方式一直表现抢眼，所以内部有这样一句名言——“一切都始于蜡烛(It all started with candles)”，提醒莫忘当初企业是以蜡烛起家，而蜡烛也是企业今日所有新兴产品的“木本水源”。因此，体制内的研发创新一直是宝洁擅长的法宝。

然而，由于电子商务的快速发展及直销(Direct to Consumer，DTC)的快速窜起，使得产品更加容易直接送到消费者手中，因此许多新创公司应运而生。这些新创公司可以将新想法、新点子很快地活用开发成新产品，并迅速在电商或通过直销方式销售。因此，近年来大家都觉得市场上新产品五花八门，“创新的脚步越来越快”。宝洁公司当然也意识到大环境创新加速的趋势，其重要性已不容忽视，除了保持体制内“精实研发创新”外，也需要灵活运用外部新创公司来加速创新、增强竞争力。据我观察，宝洁至少采取了以下三种方式，积极结合或纳入新创公司一起打拼。

第一种方式是收购符合企业未来发展策略的新创公司。例如近几年收购了新西兰的护肤品牌 Snowberry，主张“净美尚(Clean Beauty)”的 First Aid Beauty (FAB)，护发和仪容用品的 Bevel and Form，及强调天然、百分之百纯棉的女性卫生用品 This is L。Snowberry 强调完全使用新西兰本地产的天然有机成分，让消费者有一个容光焕发、自然的肌肤；FAB 主要是针对不同的皮肤问题提出解决的办法，即使是敏感性肌肤也可使用美尚产品，强调所有效果都有科学根据，这一点与宝洁公司的理念完全一致；Bevel and Form 则是以非洲裔为消费目标的护发和美容产品。“当红炸子鸡”的天然有机护肤美尚产品，及特别针对非洲裔消费者的产品都是宝洁一直致力发展想攻占的市场，并购这些新创公司，正可以补足宝洁的欠缺,完成区块拼图。

也许是吸取了之前并购的公司例如 Wella、Clariol 等不太成功的经验,宝洁公司对这些收购的新创公司似乎采取了截然不同的管理方式。在这些公司的网站上,完全看不到宝洁的影子①,这些新创公司似乎仍维持着原有的营运方式,这也许与千禧世代对传统大企业品牌兴趣不高的消费行为有关,宝洁公司选择退居幕后、从旁协助,似乎是一种新的尝试。至于迎合千禧世代消费行为的成效如何,让我们拭目以待。

第二种方式是成立创业工作室"P&G Ventures"支持新创公司。于 2014 年成立的 P&G Ventures,就是在现有体制业务之外,追求加速创新的一个创意新做法。它是直属于全球总裁,并在董事会直接监督赞助下的一个创业工作室,结合内部与外部的创新专家、创投家,以创业的方式创建宝洁公司甚至全球新的品牌、技术和商业模式,旨在解决现有产品、业务尚无法顾及的消费者问题,进而推动宝洁的可持续增长②。

这里所谓的商业模式,指的是宝洁和新创公司双方磨合出的最佳经营模式。所以,这些宝洁支持的新创公司仍维持它们原有的营运方式。例如,越来越走俏的"直销"模式是宝洁公司不擅长的,但不能缺席,且必须从头学习的营销模式。重要的是,通过 P&G Ventures,新创公司能充分利用宝洁的人才和资源,借此加速创新的脚步,同时培训宝洁在最佳商业模式上的人才,

① Monllos, Kristina:"Procter & Gamble is looking to add more direct-to-consumer brands to its roster", DIGIDAY, May 1,2019.

② "P & G Ventures", Procter and Gamble,https://pgventuresstudio.com,2019.

共创双赢。

P&G Ventures 对以下八个领域的颠覆性创新产品和技术充满高度兴趣,并认为它们将是促进未来消费的重要推手:(1)缓解更年期症状(Alleviating Symptoms of Menopause);(2)治疗慢性皮肤病和症状(Treating Chronic Skin Conditions & Symptoms);(3)通过环境改善睡眠(Improving Sleep through Environment);(4)照顾老人(Caregiving for the Aging);(5)维持无毒害的家庭(Maintaining a Non-Toxic Home);(6)最大化心理和身体表现(Maximizing Mental and Physical Performance);(7)无副作用地控制疼痛(Managing Pain without Side Effects);(8)增强男性健康(Enhancing Male Wellness)。宝洁已经与新创公司结合开发、正在推动的新品牌有:(1)Zevo 家用昆虫抑制剂系列;(2)Opté 光学精密护肤仪器;(3)MetaDerm 慢性皮肤病用护肤系列;(4)Pepper & Wits 更年期恢复保健系列①。

第三种方式是与新创服务公司建立伙伴关系。例如最近 P&G Ventures 宣布与 M13 公司一同创建消费者创新孵化器(consumer innovation incubator)。M13 是一家位于美国洛杉矶为新创公司提供全方位服务的公司,新孵化器将结合宝洁的消费者专业知识、M13 的新创孵化能力,及其发展直销业务的专业知识,共同努力协助壮大新创品牌的增长②。除此之外,宝洁也和提供给女性创

① "P & G Ventures", Procter and Gamble, https://pgventuresstudio.com, 2019.

② "P & G Ventures and M13 join hands to start new studio to incubate and develop products", medianees4u, https://www. medianews4u. com/pg-ventures-and-m13 - join-hands-to-start-new-studio-to-incubate-and-develop-products/, February 23, 2019.

业者的资金平台“The Vinetta Project”积极合作,不遗余力地支持女性创业者。

在科技日新月异的e时代,如同所有跨国企业一样,宝洁公司除了面对来势汹汹的电子商务及直销调整营销方式外,如何完美地结合小而美的新创公司加速全面创新?如何利用跨国企业全球资源,协助、孵化小而美的新创公司壮大?这是一门宝洁公司仍在努力学习的深学问。宝洁产品的源头是“蜡烛”,但创新的源头永远是“消费者”,以消费者为导向的“调整、变革、转型”,不论是体制内的研发创新,还是体制外结合新创公司的做法,应该是不变的时代趋势。

喜好“绿色”“天然有机”产品的号角已响起

自18世纪工业革命以来,科技昌明、医疗进步,世界人口激增,为了民生需求,人类在短短二三百年间几乎耗尽了地球亿万年来累积的天然资源,随之而来的气候变迁、环境污染、森林面积减少、动物濒临灭绝、能源等问题,促进环保意识的觉醒,再加上各国政府也逐渐感受到事态的严重性,“绿色消费”无疑将成为时代趋势,冲击着21世纪的全球经济发展、企业经营模式,及一般大众的日常生活。

绿色消费的基本概念,就是从日常生活衣食住行育乐的消费行为中,寻求避免或减少对环境的冲击。例如购买LED灯泡、使用再生纸等,就是消费者在使用产品的过程中,为减少或避免伴随消费行为而来的环境污染或破坏，选择购买环保产品或绿色产品的消费行为。

各国政府多年前为鼓励绿色消费，纷纷推出环保标章，例如1977 年德国的“蓝天使(Blue Angel)”环保标章，1988 年加拿大的“环境选择(Environmental Choice)”环保标章，1989 年日本的“环境标志(Eco-Mark)”计划，以及同年北欧国家的“北欧天鹅(Nordic Swan)”计划。中国台湾、韩国及欧盟的环保标章则在 1992 年相继推出；1994 年中国大陆环境标志也成立了产品认证委员会[①②]。

经过多年的努力，绿色消费已渐受重视，甚至有报告称到2020 年绿色消费将成为市场主流[③]。但如今 2020 年已近在眼前，绿色消费似乎仍有点曲高和寡，并未实际成为市场消费主流。然而值得特别注意的是，绿色消费已渐成国际趋势，据调查尤其受到千禧世代年轻人的青睐，似乎有可能成为不可再忽视的新潮流。

千禧世代一般指的是 1977—2000 年间出生的年轻世代，又称Y 世代(Y Generation)。他们现在大约占美国人口的 25%，其消费力和消费喜好将逐渐影响整个美国消费市场，甚至成为全球消费主流。世界千禧世代人口将达 20 亿人，其中亚洲是全世界最多的，主要在印度和中国；到 2020 年，中国将有 4 亿千禧人口，是美

---

① 于宁，赖明伸：《环境保护：绿色消费的国际发展趋势》，财团法人环境与发展基金会，2005 年 3 月 3 日.

② 《环保标章》，绿色生活信息网，https://greenliving.epa.gov.tw/Public/GreenMark/First，2019.

③ Read，Simon：“Sustainability will be mainstream by 2020”，Independent，October 10，2011.

国的5倍,比全美国的人口还要多;印度估计有4.1亿人,他们的年消费力将达到3 300亿美元[①][②]。

千禧世代是随着数字科技一起成长的年轻人群,他们对于全球温暖化等环境问题非常关心,也非常重视企业社会责任。千禧世代在购买产品时,会特别注意这家公司是否致力于慈善事业,是否重视社会责任。据Horizon Media报道,81%的千禧世代期许企业能公开做出社会责任承诺。尼尔森(Nielsen)公司的全球企业可持续发展研究报告也指出,73%的千禧世代愿意多付点钱购买环保产品。

国际跨国企业如宝洁公司早已看到这个趋势,多年来致力于以环保产品满足绿色消费者尤其是千禧世代的需要。如在本书第五章"力行可持续发展"中所提及,宝洁公司自2007年即启用可持续创新产品评估系统,也就是任何新产品必须先通过环境足迹评估才能上市。宝洁2030环境可持续发展目标也特别针对产品包装,要在2025年达到约95%的所有包装材料是可回收或可重复使用,到2030年达到全部可回收或可重复使用的目标。

近几年宝洁公司频频推出环保产品,促进绿色消费,从中即可看出端倪。例如在绪论中提到,2018年宝洁开始在全世界10大城市以先进的技术全面回收再利用使用后的婴儿、成人纸尿片及卫生棉。2018年宝洁同时新推出可再使用Tampx卫生棉条,海飞丝洗

---

① Gapper, John:"How millennials became the world's most powerful consumers", Financial Times, June 6, 2018.

② Alton, Larry:"How to Gain Millennial Customers: 6 Things They Want From Your Brand", Small Business Trends, Jun 12, 2018.

发水包装使用海滩回收塑料，Dawn 洗碗液减用 50%塑料等。2019 年宝洁推出第一款获得美国农业部认证的含 75%植物成分、冷水适用节能洗衣剂汰渍(Tide) purclean™；节省空间、节省运输能源，轻巧且节水的表面清洁块、洗发块、肥皂块 EC 30；开始试卖玉兰油(Olay)Regenerist Whip moisturizer 充填包；宣布发起赞助名为“The 50 L Home”的节水创新议程，结合全球企业、决策者和当地社区共同开发和扩大创新，共同解决城市水危机；宣布和国际奥林匹克委员会合作，用产品包装回收的再生塑料设计制作 2020 年东京奥运会所有领奖台。如第五章提到，宝洁宣布潘婷、汰渍、欧乐-B 等品牌加入无废弃物购买平台 Loop，与全球回收领头羊 TerraCycle 结盟合作，共同以回收、再利用、再填充的方式全力解决包装废弃物问题。目前宝洁更高调承诺，要为每天使用宝洁产品的全球 50 亿名消费大众努力实现“负责任消费”。

又如宝洁公司最近收购了一家女性卫生用品公司 This is L，这家公司在企业社会责任上与宝洁理念一致，有着强烈的使命感。This is L 公司是由女性企业家创建的，公司希望全球的女性都能过着平等的生活，因此，消费者每购买一件产品，他们就会捐一件产品给需要的人；远景是捐赠制造卫生用品的机器到那些没有女性卫生用品的国家，教导并训练女性创业者，让他们最终能自己生产制造。This is L 公司同时也不遗余力地在全球各地协助提升女性的薪资和创业精神，减少女性卫生教育的不足。This is L 公司的加入，无疑将更有助于宝洁未来在社会可持续发展上，在“社区影响、性别平等、包容性和多样性”方面的推动。

除了关怀环境、社会责任外，千禧世代也非常注重健康，其中

80%认为必须吃得健康，他们偏向选择“天然、有机、无添加物”的产品[①]。对于天然产品的需求，千禧世代并不局限于食物上，对所有的日常生活用品他们都抱有相同的期望。在美国，最近推动要求化妆品无毒性成分(Non-toxic ingredients)及公开透明标签(Transparent labels)，由年轻人发起的净美尚(Clean Beauty)运动就是最好的例子[②]。

宝洁公司当然不会忽视这个趋势，也开始致力于“天然、有机、无添加物”产品的发展。除了前面提到对外收购相关的新创公司外，在企业内部也积极研发这类产品。例如宝洁公司在2018年推出了帮宝适(Pampers)Pure Line，除了使用高级棉外，强调不经过氯漂白，不含香水、对羟基苯甲酸酯(Parabens)防腐剂以及欧盟列出的26个过敏原。所使用的原料里，纸浆经过“Forest Stewardship Council”认证，棉花的供货商是注重可持续来源和质量协会“Cotton Leads Program”的会员，包装可以百分之百回收，且百分之百使用再生能源制造，产品99%可再利用、回收或再生，生产过程没有制造任何废物。宝洁公司推出的这一系列产品，不但标榜注重天然、有机、无添加物的健康安全性，同时强调制造过程对环境零污染的重要性，非常符合婴儿用品的最大消费者人群千禧世代的口味，我了解到产品上市后在市场上均反应良好。除了帮宝适婴儿产品外，宝洁公司也推出了丹碧丝(Tampax) Pure

① Gapper, John: “How millennials became the world’s most powerful consumers”, Financial Times, June 6, 2018.

② “What Does ‘Clean Beauty’ Mean in 2019?”, Good Face Project, https://thegoodfaceproject.com/articles/what-is-clean-beauty, 2019.

和好自在(Always)Pure，同时强调不含染色剂，不添加香料和不经过氯漂白，并含有100%纯棉成分。

另外，宝洁公司草本精华(Herbal Essences)洗发水也在最近推出Bio-renew产品系列，主打不含硅灵、防腐剂(对羟基苯甲酸酯)、麸质、矿物油和着色剂，让消费者体验大自然的正能量；Herbal Essences是第一个拿到“Environmental Working Group (EWG)”认证的大众护发品牌，同时，消费者也可借由EWG的数据库，查询原料的所有相关信息。此外，产品所使用的植物萃取物拥有植物界权威“Royal Botanic Garden, Kew”的背书，确认是百分之百的纯植物萃取物，而且整个系列产品强调“零残忍(Cruelty Free)”，未经过任何动物实验。宝洁顺应时代趋势，重新定位Herbal Essences品牌，标榜“净美尚”的做法应只是个开端，相信其他一些宝洁品牌依市场需要，也已摩拳擦掌，将会调整战略、一一跟进。

国际大企业如宝洁公司已提前顺应“绿色”及“天然、有机、无添加物”消费喜好的潜在来袭，最近不断推出相关产品，推动相应的消费议题，如前一章提到的“负责任消费”，强调品牌要成为“善之力和增长之力”的营销理念，不难看出宝洁公司的用心与决心。在年轻千禧世代的重视和推动下，新消费行为的号角已经响起，很有可能带头改变未来一般大众的消费模式，而成为全球必争的新市场。

迎接银发族为主角的时代

当一个社会中65岁以上人口超过总人口的7%，国际上一般称之为老龄化社会(aging society),超过14%称之为老龄社会(aged society),超过20%则称之为超老龄社会(super-aged society)①。由于生育率降低,平均寿命延长,全球人口老龄化现象日趋严重。

亚洲人口世界最多,也是世界上人口老龄化问题最严重的区域。根据日本内阁府于2017年10月1日公布的数据,日本全国总人口1.267 1亿人中,65岁以上人口有3 515万人,为总人口的27.7%,这个数字在40年间增长了4倍,无疑是世界第一,估计到2065年,这个数字将攀升至38.4%,也就是每2.6人中就有1人是超过65岁②。2018年3月,中国台湾已进入老龄社会,预计8年后将进入超老龄社会③,速度之快堪称世界之最。少子化加上年轻人外流,未来所面对的人口老龄化问题恐比日本更加严峻。中国大陆人口的老龄化也在加速中,根据2018年国家统计局的数据,65岁以上人口占总人口的11.9%④,老年人口年增率约是总人口年增率的5倍,中国大陆也正以"超英赶美"的速度进入老龄社会。

全球少子化使幼年人口持续减少,人类平均寿命延长使老年人口持续增加,人口老龄化无疑已是普遍现象,是不可逆的世界趋势,不久的将来,银发族的激增将改写全球经济版图。而其中出生

① 《全球人口老化之现况与趋势》, Taiwan Economic Forum, https://ws.nds.gov.tw, 2013年10月.

② 内阁府:"高龄化の现状と将来像",平成30年版高龄社会白书(全体版),https://www8.cao.go.jp/kourei/whitepaper/w-2018/html/zenbun/s1_1_1.html,2018.

③ 励心如:《人口老化危机如何解?》,今周刊,1114期,2018年4月26日.

④ 《世界人口迅速老龄化孩子们将面对怎样的未来》,BBC News,2019年4月9日.

于1946—1964年的婴儿潮世代(Baby Boomers)即将成为老年人口中最多的人群。例如,美国婴儿潮世代有7 800万人,占全美人口的28%,他们拥有超过50%的消费力,每年花费超过3.2万亿美元,并且控制着80%全美个人资产总额,消费能力不容忽视①。同时,婴儿潮世代也相当注重健康管理,不吝于花钱在可以让他们活得更久、更有活力的产品上,有鉴于此,宝洁在近年来也致力发展银发世代的产品。

2018年宝洁以34亿欧元成功收购德国Merck KGaA消费者健康业务,主要品牌包括Neurobion、Dolo-Neurobion、Femibion、Nasivin、Bion3、Seven Seas、Kytta等,在全球44个国家和地区提供用于缓解肌肉痛、关节痛、背痛、头痛,及支持躯体活动性和移动性等多种多样的非处方医疗保健产品。我认为,此项收购合并是宝洁顺应人口老龄化的时代趋势,为了更加满足银发族消费者的需求,造桥铺路,做了前瞻性的全面布局,尤其是看准了保健产品因人口老龄化带来的商机。根据德勤(Delloite)的数据显示,2017—2022年,保健品市场每年的增长率是5.4%,将从7.7万亿美元增加到10万亿美元②。这笔收购无疑将更加充实壮大宝洁对银发族健康护理的业务和品牌。

另外,之前提到P&G Ventures的重点之一就是"照顾老人",其使命是开发特别适合银发族使用的包括沐浴、自控、防摔和皮肤健康管理等消费产品,协助老年人更独立、有尊严地居家生活。例

① "Forget Millennials.7 Reasons Why Baby Boomers Are the Ideal Target Market", QUICKSPROUT, www.quicksprout.com, April 26, 2017.

② Deloitte:"2019 Global Health Care Outlook", wew2.deloitte.com, 2019.

如,宝洁之前收购的 Pepper & Wits,就是生产专供更年期妇女使用的各种产品,其中包括不含激素的天然保健食品、乳液等。

宝洁公司在 2014 年重返成人尿布(卫生护垫)市场,应该也是因为看到了老年人口的商机。但不同的是,宝洁这次将成人尿布产品放在好自在(Always)的品牌下营销,我认为这主要是因为女性失禁漏尿问题比男性普遍,期望熟知好自在女性卫生用品的消费者在需要使用防失禁用品时,能够相信并继续使用这个品牌。近年来好自在防漏尿内裤(Always Discreet, Incontinence Underwear)的市场销售业绩良好,更是为宝洁公司赢得广大潜力的银发族市场立下了头功。

总之,宝洁公司是全球"快消之王",其宗旨就是"提供优质超值的品牌产品和服务,美化世界各地消费者的生活",随着世界老年人口比例越来越高,宝洁绝不可能在这么重要的人口区间缺席,银发族尤其是婴儿潮世代的消费,必将是宝洁公司主攻的重要战场。

结语

数字浪潮席卷、"智"造业来临、创新加速颠覆传统、绿色消费风起云涌、银发族大军压境……这些时代大趋势冲击甚至主宰着未来世界经济版图,如同所有的企业,宝洁公司闪不过、躲不掉,必须面对。

除了上面所提的时代趋势,其他挑战也会不断接踵而来,例如千禧世代对当地小公司产品的偏好，又如越来越多经销商、电商开始销售自家品牌的产品等。也许在不久的将来，包括宝洁公司在内所有的跨国快消企业，都要一一亲身体验这些时代挑战的震撼教育。

180 多年来，宝洁公司有讲不完的调整、变革、转型的真实故事。面对时代趋势的挑战，宝洁公司早已驾轻就熟，这是不慌不乱的基本素养与本能的反应。就像在几年前一本全球畅销书《原则：生活与工作》中所描述的："大部分事情都是一再发生，透过研究其中规律，可以理解背后的因果关系，制订出应对的原则，往后遭遇同类问题，则直接搜索相关原则作为处理的依据，不会落得措手不及；若决策失准，再回去检讨并优化原则，永远朝着最佳策略进化，没有尽头。"①

《易经》中讲的"易"，兼具"不易""变易"和"简易"三种含义。时代的巨轮不停地转动，外在的环境不停地改变，企业尤其是跨国企业，在选择什么是不变的（就是"不易"的）、什么是巨变的（就是"变易"的）、什么是微调的（就是"简易"的）时，需要拥有高度的智慧。

我看到宝洁在面对这些时代挑战时，一方面积极培育人才，一方面更以消费者导向为依归，像识途老马一样，对这些时代趋势，有时很快、有时又慢慢摸索，但总会用"易"的思维方式，并依据原则正确地找出顺应之方，甚至摆脱传统包袱、顺势蜕变，又成为一尾活龙。

---

① Dalio, Rag(雷·达利欧)：《原则：生活与工作》，商业周刊，April 2018.

后记

中国和平崛起，其中的先决条件就是经济要持续增长，而最具体的标志之一，就是由最优秀的中国企业尤其是民营企业，像航母一样带领着商业舰队航向世界，与欧、美、日本等顶尖企业在全球各地面对面地公平竞争。要实现这个目标，毫无疑问这些中国企业就必须同样是有优良企业文化、有人才、有制度、有创新的一流公司，更重要的是能够“基业长青，长寿不短命”。

当今世界，成立100年的企业有十多万家，其中日本是长寿企业数量最多的国家。仅有240多年历史的美国，这样的企业也有几千家。然而，有着五千年悠久历史的中国，百年老店却屈指可数，更遑论百年顶级跨国企业。过去，也许是战乱、社会制度等原因，在中国这片土地上难以造就长寿企业，然而改革开放后，不论规模大、中、小，中国企业寿命仍然偏短，绝大多数在8年内消亡。

十多年前，畅销财经作家吴晓波在《大败局》一书中分析了中国企业“短命”的原因，认为其中有制度设计的内因，有市场环境的外因，更有职业人格深层次的人文因素。他如此批评中国企业：“缺少对一种简单而普世的商业逻辑的尊重，缺少对公平透明的游戏规则的遵循，缺少对符合人性的商业道德的敬畏。”

十多年过后，这些造成企业“短命”的原因，似乎仍然非常适用，一点也不过时，因为有太多中国企业不务本业，只是努力追求短期的急速增长，靠玩资本游戏寻求一夜暴富，没有长期经营和传承的观点，不知强化核心能力，缺乏风险管理意识，真所谓“成功三年，崩盘三天”。

虽然成为百年顶级跨国企业在中国仍然是距离遥远、难以梦圆，但我认为有些企业已渐渐创造出自己的发展模式，具备世界一级企业的模样，如果能师法本书所列出“宝洁公司基业长青的逻辑”（传承企业文化；积极培育人才；精实研发创新；完善危机管理；力行可持续发展；顺应时代趋势），那么假以时日，它们成为顶级跨国企业将指日可待。

挪威当代文学评论家、作家琳·乌尔曼的自传体小说《喧嚣》里，有一段发人深省的话：“你所看到的风景，记忆中的东西，对事物的理解，都取决于你站在何处。（The scenery you see, the things in your memory, the understanding of things, all depends on where you stand.）”

写作本书之时，我正站在从宝洁公司退休的当口，想真实写下我看到的宝洁、20 多年来记忆里的宝洁。也许读者读完本书，会觉得我对宝洁公司多是褒扬长处、少有批判缺失。的确，有着 180 多年历史的宝洁公司，虽是世界“大富久”企业中的极品，但也并非十全十美、无懈可击，然而批判检验宝洁公司不是本书要表达的重点，本书着重于在我对百年顶级跨国企业宝洁公司的亲身体验与理解基础上，进一步解析企业长寿的密码。

本书付梓之时,中美贸易争端仍方兴未艾,英国“脱欧”时间仍悬而未决,国际货币基金组织刚公布的预测显示,2019 年全球经济增长将减缓,中国最大的民营投资公司——中国民生投资集团——正寻求大刀阔斧自救重组,以求解决沉重的债务问题。这些当今全球市场不确定的重要因素,终将会随着时间而成为历史。同时,宝洁公司发布 2020 年度第一季财报,结果亮丽耀眼,尤其中国区业务比上年同期增长了 13%,全公司不但持续增长,更调高企业未来展望,股价应声大涨。当然,这也会随着时间而成为过去。当有一天,我站在时光的彼岸“回首向来萧瑟处”,华人地区若有幸出现几家百年顶级跨国企业,那时本书应早已变成泛黄的记忆,而这个愿望的终于实现,最终是感动了岁月,也感动了自己。